라이카, 밀라노 주세페 멘고니 거리, 18. 7. 28. pm 12:25

이케아, 경기 광명, 18. 6. 21. pm 2:29

루이 비통, 밀라노 비토리아 에마누엘레 2세 갤러리아, 18. 7. 28. pm 2:30

스타벅스, 서울 서대문구, 18. 7. 19. pm 3:32

DRIVE THRU

무인양품, 서울 서대문구, 18. 7. 20. pm 3:35

오메가, 서울 강남구, 18. 7. 19. pm 7:12

유니클로, 서울 중구, 18. 7. 20. pm 8:09

당신이라는 브랜드에게

요즘 브랜드

박찬용

* HB PRESS *

당신은 그 브랜드를 왜 좋아합니까

상하이, 후쿠오카, 뉴욕에서 비슷한 생각을 한 적이 있다. 지금의 글로벌 브랜드 매장은 신전 같은 것이 아닐까?

각 브랜드에는 십자가처럼 눈에 띄는 로고가 있다. 법복처럼 스태프가 입는 전용 유니폼도 있다. 전 세계의 모든 쉐이크쉑 버거 매장엔 똑같은 노래가 흘러나온다. 전 세계의 가톨릭 교회가 매주 똑같은 찬송가를 부르듯.

브랜드와 종교는 비슷한 점이 많다. 고유한 로고나 색깔로 대표적인 시각 이미지를 만든다. 페이스북의 로고나 무인양품의 미색처럼. 짧게 떨어지는 키 메시지가 있다. '저스트 두 잇'이나 '씽크 디퍼런트'처럼. 아울러 브랜드라는 종교 안에는 브랜드 스토리라는 경전이 있다. 그 안에는 부처처럼 하나의 주인공도 있고, 성경의 여러 인물들처럼 다수가 등장하기도 한다. 물건 자체가 주인공이 되기도 한다. 토테미즘처럼. 무엇보다 브랜드에는 약속이 있다. 더 나은 삶을 만들어 줄 거라는 약속. 그 브랜드의 상품이나 서비스를 사면 삶이 조금 더 괜찮아질 거라는, 아주 은근한 약속.

이 책은 이른바 '브랜드 스토리'에 대한 이야기다. 멋진 이야기를 만들어 내고 퍼뜨리는 데에 성공한 브랜드에 대한 이야기다. 할리우드 영화나 유발 하라리의 <사피엔스>처럼, 성공적인 모든 이야기에는 공식처럼 비슷한 패턴과 목표가 있다. 이 책은 그 공식에 대한 이야기이기도 하다. 여기에는 내가 직접 특정 현장에 가지 않고 자료를 참고해 만든 글도 있다. 이야기를 보고 쓴 또다른 이야기인 셈이다. 이야기 자체가 이야깃거리가 될 수도 있다.

라이카나 고프로의 원고를 쓰기 위해서는 공장에 갈 게 아니라 기사만 봐도 된다. 제품엔 기술이 중요하지만 판매와 이미지메이킹엔 브랜드 스토리 자체가 중요하기 때문이다. 몰스킨, 위블로, 루이 비통의 글을 만들 때 그들의 브랜드 스토리를 많이 참고했다. 그 이야기를 모두 믿었기 때문이 아니다. 브랜드 스스로가 자신의 어떤 부분을 드러내고 숨기는지, 그 자체가 의미 있는 데이터이기 때문이다.

브랜드가 만들어 내는 모든 이야기의 목적은 똑같다. 브랜드를 좋아하게 하는 것이다. 사실 당신도 그런 일을 한다. 잠재적 연인을 소개받으러 나간 자리에서나 직장 면접에 나가서 상대방에게 하는 이야기는 어떻게 보면 당신이라는 브랜드의 브랜드 스토리다. 그 이야기의 목적도 같다. 당신을 좋아하게 만드는 것.

다만 각 브랜드가 스스로를 좋아하게 하는 이유는 조금씩 다르다. 고가품 브랜드는 스스로를 좋아하게 만들어서 없어도 되는 물건을 갖고 싶어지게 만든다. 이쪽 분야에서는 서유럽의 명품 브랜드가 아주 빼어난 솜씨를 갖고 있다. 브랜드 스토리로 약점을 가리는 곳도 있다. 가격이 싸다는 이유로 온갖 불편과 낮은 내구성을 무마시키는 이케아가 대표적인 예다. 둘 다 마법 같은 기술이다.

지금부터 소개할 브랜드는 아주 다양하다. 묶어 놓고 보니 산업적인 공통점이 별로 없다. 오래되고 유명한 브랜드의 이야기는 당연히 나온다. 반대로 새로운 것, 안 유명한 것, 싼 것도 있다. 이 책의 글 역시 다양한 매체에 다양한 목적으로 실렸던 것들이다. 테크 브랜드의 원고는 테크 매체를 위해 만들었다. 고급품을 다루는 잡지에 들어가는 고급품 브랜드 원고도 있다. 그러다 보니 의도했던 건 아니지만 다양한 성격의 브랜드가 한 권에 모이게 됐다.

모아 두고 보니 여기 있는 브랜드들에 아주 강한 공통점이 있다는 것도 알게 됐다. 이 브랜드 안팎에는 아주 좋은 이야기가 있다. 매우 치밀하게 조직되고 조작된 이야기가 있는가 하면 거의 자연발생적인 이야기도 있다. 하지만 오디션 시스템에서 나온 가수건 길거리에서 바로 나온 가수건, 좋은 가수라면 사람들의 인정과 사랑을 받는다는 점은 변함이 없다. 브랜드도 마찬가지인 것 같다.

개인적으로는 교훈과 쓸모가 있는 걸 만들고 싶다. 그래서 이 책을 만들 때도 쓸모를 생각해 보았다. 내가 떠올려 본 이 책의 쓸모는 이렇다. 하나, 브랜드 소비자 입장에서 재미가 있거나 도움이 되지 않을까 싶다. 내가 좋아하는 브랜드, 혹은 내 주변에 있는 브랜드의 성장 과정과 브랜드 스토리는 일종의 소비자정보다. 이 정보를 알게 된다면 합리적인 소비생활에도 도움이 될 수 있다. 여기 나온 이야기를 보고

'<모노클>을 봐야겠군' 혹은 '이케아는 사지 말아야겠구나'라고 생각한다면 이 책이 쓸모 있게 작동했다는 증거라고 생각한다. 아울러 그 많은 브랜드 스토리를 누가 왜 만들었는지 생각해 보는 것도 21세기를 살아가는 데에 하나의 힌트가 될 것이다.

더 나아가, 이 책이 여러분 당신이라는 브랜드 개발에도 도움이 되었으면 한다. 현대 사회는 점점 개인에게 개별 노동자 이상의 역할을 요구하고 있다. 서양 기준으로 개인은 19세기에 노동자가 되었고 20세기에는 노동자 겸 자본가가 되었다. 21세기의 개인은 노동자 겸 자본가 겸 브랜드 매니저가 되어야 한다. 개인의 금융투자가 간편해지면서 이제 거의 모든 노동자가 자본가의 눈으로 세상을 바라본다. 거기 더해 개인의 홈페이지나 다름없는 블로그나 소셜미디어가 발달하며 노동자 겸 자본가가 된 개인은 브랜드 매니저 입장에서 세상을 바라볼 필요까지 생겼다. 당신의 인스타그램 사진부터가 당신이라는 브랜드 메시지다. 이 책 속의 사례가 당신™ 구축에 도움이 된다면 더 바랄 게 없겠다.

인터넷 테크 매체 <더기어>, 프린트 기반 라이프스타일 잡지 <오디너리>, 프린트 기반 브랜드 전문지 <B>, 프린트 기반 남성 라이프스타일 잡지 <에스콰이어>와 <루엘> 등에 보낸 원고가 이 책의 기틀이 되었다. 모든 원고는 2018년 10월 기준으로 고치거나 새로 만들었다.

차례

2장. 전통적 브랜드의 경우

3장. 불경기의 브랜딩

1장. 요즘 브랜드의 경우

기술과 마음의 조화

루미네이드(LuminAID)와
선의의 적정기술

나는 테크를 둘러싼 기술에 정통하지 않다. 쿼드코어나 쿨링 시스템이나 BA 유닛이나 DAC나 안드로이드 같은 말들의 정확한 의미는 잘 모른다. 솔직히 말하면 큰 관심도 없다. 어쩌면 그냥 생산 당사자들끼리 붙인 이름 정도라고 생각할 때도 있다. 그런 말들을 꿰고 있다고 해서 좋은 기술 원고를 생산할 수 있을 것 같지는 않다.

기술과 공학을 무시하려는 게 아니다. 오히려 존경한다. 인류 문명은 기술과 공학 덕에 여기까지 왔다. 우리는 기술 덕분에 겨울에 따뜻하고 여름에 시원하다. 음식을 오래 보존하고 사람들과 쉽게 연락한다. 누군가 연주하는 음악을 듣는 건 수 세기 전만 해도 아무나 아무 때나 누릴 수 있는 게 아니었다. 교회나 축제에 가거나, 혹은 아주 적은 수의 귀족만이 남이 연주한 음악을 들을 수 있었다. 내가 글을 편하게 만들고 당신이 이 글을 편하게 읽을 수 있는 것도 기술 덕분이다. 들여다보면 기술과 공학이 예술과 별로 다르지 않음도 알 수 있다. 기술과 공학의 세계 안에는 빛나는 창의성과 아름답게 짜인 논리와 순수한 열정이 있다. 가지 않은 곳을 가고자 했던, 어두운 부분을 밝히고자 했던, 불확실성 앞에서 기꺼이 오른발을 뻗었던.

지금의 테크 업계가 그런지는 잘 모르겠다. 전 세계의 천재들이 미국 서부에 모여 어떻게 하면 자기들이 만들어 둔 생태계에 고객을 빠뜨릴지만 고민하는 것 같기도 하다. 애플은 우아한 인테리어와 익스테리어를 가진 소프트웨어와 하드웨어를 만들었다. 그 안에는 애플만의 강력한 수직통합적 생태계가 있다. 결국 애플이 만들어 낸 건 사용자의 건강 정보부터 PC 사용 빈도까지 체크할 수 있는 거대한 시스템이다. 구글도 모든 인터넷 서비스를 제공하고 사용자의 패턴을 가져간다. 아마존도 마찬가지고 심지어 스타벅스도 그런 걸 한다.

우리가 고를 수 있는 대형 종교가 몇 없는 것처럼 우리가 고를 수 있는 IT 생태계도 별로 없다. 요즘 나오는 소비자용 기술은 삶의 요령을 바꿀 수는 있어도 삶의 원리를 바꿔 주지는 못한다. 정신을 차리지 않으면 평생 동안 새로운 디바이스라는 프리즈비를 향해 달리는 개처럼 살 것 같아 두려워진다.

못 보던 기술로 재미있는 일을 하는 것과 세상이 달라지는 건 조금 다른 이야기다. 많은 사람들이 그 둘을 혼동한다. 세상을 조금 더 낮게 하는 건 첨단 기술이 아니라 기술과 결합한 통찰, 결국 사려 깊은 마음이다. 누군가는 아직 그런 걸 한다. 루미네이드처럼.

루미네이드는 휴대용 조명이다. 비닐로 만든 공기 베개에 전구와 태양열 집전판을 붙인 개념이다. 스펙은 이렇다. 완전히 충전하는 데는 7~10시간이 걸린다. 약하게 틀어 두면 30시간까지 빛을 낸다. 점등은 4가지 모드가 있다. 재충전 없이 2년 동안 보관해도 바로 사용할 수 있다. 배터리 수명은 약 1만 시간이다. IPX7 등급*의 방수 성능을 충족시킨다. 가격은 24.95달러. 한국에서도 3만 원 조금 넘는 가격에 판다. 숫자로 보면 그저 그런 물건이다. 그런데 이 물건의 진짜 가치는 숫자 바깥에 있다.

루미네이드가 만들어진 계기는 2010년의 아이티 대지진이었다. 당시 디자인을 공부하는 대학생이었던 안나 스토크와 안드레아 스레쉬타는 그걸 계기로 극한 상황의 필수품을 떠올렸다. 흔히 구호품의 기본으로 꼽히는 건 물과 식량과 거처다. 이들은 거기서 하나를 더 떠올렸다. 빛. 불이 꺼지지 않는 도시에 사는 사람들은 빛이라는 자원의 소중함을 잊는다. 하지만 빛은 인공적인 자원이다. 달도 안 뜬 산 속의 밤에서 하루만 묵으면 그 사실을 몸으로 느낄 수 있다. 아이티 대지진 같은 상황이 생기면 전력 공급도 다 끊어진다. 이럴 때의 밤은 완전한 암흑이 된다. 빛은 꼭 필요하다.

루미네이드는 스펙으로 승부하는 아이콘이 아니라 목적을 위한 적정기술이다. 이 랜턴은 극한 상황에서의 빛이라는 목적에 충실하다. 싸고 가벼우며 전력 공급원이 없어도 밤에 빛을 낼 수 있다. 방수도 되고 물에도 뜬다. 접으면 손바닥만 하고 펴면 넓어진다. 험하게 다뤄도 깨지지 않는다. 도시가 아닌 야전의 것, 남에게 뽐내는 게 아니라 실제로 밖에서 쓰는 물건이다.

*IPX 등급: 국제 공인 방수 성능 등급. 숫자가 높을수록 성능이 좋음.

전력망과 연결되지 않은 세계는
멀고도 가깝다.

별것 아니라고 생각할 수도 있다. 도시에선 별것 아닐 것이다. 하지만 구호 상황에서 흔히 쓰는 촛불에 비하면 대단한 발전이다. 어느 모로 봐도 촛불보다 낫다. 초에 불을 붙이려면 물에 젖지 않은 성냥이나 라이터가 필요하다. 촛불은 입김만 불어도 꺼질 정도로 나약하며 광량도 보잘것없다. 화재나 화상 등의 2차 사고를 일으킬 수도 있다. 세상은 무척 넓다. 우리가 광대역 모바일 인터넷을 쓰니까 다른 곳도 그러리라는 건 큰 착각이다. 세계의 꽤 넓은 곳은 루미네이드 같은 물건을 필요로 한다.

루미네이드는 만들기 어려운 물건이 아니다. 물건만 놓고 보면 소형 튜브에 LED 전구와 태양 전기 집전판을 붙여 놓고 방수 처리를 했을 뿐이다. 포스 터치나 무인주행 같은 것에 비하면 방학숙제 수준이다. 하지만 극한 상황에서 내게 빛을 줄 수 있는 물건은 루미네이드다.

혁신은 기술이 아니라 발상에서 온다. 새로운 발상은 기술에서 나오는 게 아니라 기술을 통해 표현된다. 혁신은 셀카봉처럼 사람과 세계를 보는 시각에서 태어난다. 루미네이드는 일종의 답이다. 문명 세계를 사는 사람들이 덜 개발된 지역을 보고 '우리가 지금 무엇을 해서 저 사람들의 상황을 낫게 할 수 있을까'라는 질문을 던졌을 때의 대답.

루미네이드가 만들어지고 알려진 방법은 21세기적이다. 이들은 초기 생산 비용을 크라우드 펀딩으로 해결했다. 운도 좋았다. 마침 스타트업이 유행하기 시작할 때였다. CNN의 '스타트 스몰 씽크 빅'이 루미네이드를 취재했다. 시대적 통찰과 시대의 요구가 적합한 상황에서 터지면 성공한다. 루미네이드는 그 줄을 잘 탔다. 백악관과 <와이어드>가 루미네이드를 소개했다. 국경 없는 의사회도 루미네이드를 쓴다. 이들의 공식 홈페이지에서 루미네이드를 사면 톰스 신발처럼 하나를 샀을 때 하나가 도움이 필요한 지역에 기부된다. 벌써 1만 개의 루미네이드가 전 세계에 기부됐다. 세계 곳곳의 어두운 곳이 1만 배 밝아진 것이다. 대학생 두 명이 5년 만에 이룬 일 치고는 대단하다. 나의 대학 졸업 후 5년을 생각하니까 더 대단하게 느껴진다.

여기까지 읽은 당신은 '그렇다고 해도 이게 책에 나올 만한 물건인가?'라고 생각할지 모른다. 그 생각에도 일리가 있다. 루미네이드는 아직 성공했다고 볼 수 없다. 새로 나왔고 인지도도 높지 않으며 시장에 완전히 자리잡았다고 볼 수도 없다. 대신 이 간단한 조명기구에는 적당한 기술과 합리적 통찰이 있다. 하나 더, 요즘 물건에서는 찾기 힘든 선의가 있다. 안 좋은 상황에 놓인 사람들에게 어떤 물건이 필요할지를 떠올린 마음이 있다. 어느 쪽으로 눈을 돌리더라도 세상이 재미없게 변하고 있음을 나타내는 다양한 신호를 볼 수 있다. 하지만 세상엔 아직도 이런 마음으로 물건을 만드는 사람들이 있다. 이런 마음으로 만들어지는 물건이 있다. 루미네이드처럼.

좋아서 만든 물건

무념의 히트 상품
고프로(GoPro)

고프로 CEO 닉 우드먼의 삶이 아주 어려워 보이지는 않는다. 그는 대학교를 졸업하고는 회사에 지원하지 않고 인터넷 마케팅 회사를 열었다. 실패. 그 후엔 동남아시아로 긴 여행을 떠났다. 발리에서 액션캠의 아이디어를 얻어 미국으로 돌아왔다. 사실 그의 아버지는 거물 은행가였다. 우드먼은 아버지의 투자금으로 고프로를 만들었다. 아주 크게 성공했다. 좋아 보인다.

하지만 삶은 그렇게 쉽거나 간단하지 않다. 적어도 아주 쉽지는 않다.

닉 우드먼은 캘리포니아 출신이다. 그가 캘리포니아 출신이라는 사실은 김윤진이 한국 출신이고 오아시스가 맨체스터 출신이고 제이지가 뉴욕 출신이라는 것만큼이나 중요하다. 100퍼센트까지라고는 할 수 없지만 환경은 인간의 정체성에 큰 영향을 미친다. 그가 캘리포니아가 아니라 부에노스아이레스나 부다페스트 출신이었다면 고프로는 나오지 않았을지도 모른다. 닉 우드먼이 고프로를 떠올린 잠재적 배경은 서핑이었다. 캘리포니아가 닉 우드먼에게 서핑을 알려 주었다.

닉 우드먼은 서핑을 굉장히 좋아한다고 알려져 있다. 그는 멘로 스쿨이라는 고등학교를 나왔다. 1915년에 개교한 이후 캘리포니아에서 손꼽히는 명문 고등학교다. 닉 우드먼이 그 학교 역사상 최초로 서핑 클럽을 만들었다. 서핑 클럽 기금을 모으려고 고등학교 때부터 티셔츠도 만들어 팔았다고 한다. 어떤 사람의 삶은 어릴 때 나타난 패턴의 확장과 반복인 경우가 많다. 닉 우드먼도 그랬다. 방금 묘사한 일들은 고프로와 닉 우드먼 주변을 계속 돌아다니는 주제어다. 스포츠, 적극성, 상인 기질.

멘로 스쿨은 미 서부의 고등학교 중에서도 아이비리그 진학률이 높다고 한다. 멘로 스쿨 서핑부 초대 회장 닉 우드먼이 바닷가 아닌 곳에서 20대를 보낼 리는 없었다. 추운 동부 해안에서 파도를 타고 싶어 할 리도 없었을 것이다. 그는 캠퍼스에서 바다가 보이는 샌디에이고의 캘리포니아 대학에 갔다. 전공은 시각예술과 문예창작. 명문 기업 취업이나 스타트업 대박을 노릴 인생 느낌은 들지 않는다.

고프로는 요즘 주목받는 스타트업과는 여러모로 다르다. 가장 결정적인 차이는 고프로가 제조업의 산물이라는 사실이다. 별것 아닌 것처럼 보일지 몰라도 이건 대단히 중요하다. 지금 당신이 이름을 댈 수 있는 신흥 대기업을 떠올려 보자. 그중 손에 잡히는 것을 만드는 회사가 어디인지 솎아내 보자. 고프로, 다이슨, 발뮤다 정도를 제외하면 딱히 떠오르는 곳이 없다. CEO의 출신 배경도 다르다. 제프 베조스, 마크 저커버그, 래리 페이지, 세르게이 브린 등의 스타트업 거물들은 거의 다 컴퓨터나 전자공학을 공부했다. 출신 대학이나 대학 전공 역시 한 인간을 말할 때 아주 중요한 변수는 아니다. 하지만 캘리포니아 대학 시각예술과 문예창작

전공이 다른 스타트업 영웅의 전공과 꽤 달라 보이는 건 사실이다.

그는 대학교를 졸업하고 인터넷 마케팅 회사를 차렸다가 곧 망했다. 마케팅 회사 같은 걸 하려면 관계망에 기반한 충성스런 고객층이 있어야 한다. 애초부터 대학교를 갓 졸업한 사람이 하기엔 무리인 일이다. 왠지 서핑부 회장님이라고 부르고 싶은 닉 우드먼은 별로 낙심하는 기색도 없이 (나와 당시 심경을 이야기해 본 건 아니지만 별로 안 낙심했을 것 같다) 여행을 떠나기로 했다. 그는 5개월 동안 오스트레일리아와 인도네시아 발리를 여행했다. 발리는 세계적으로 손꼽히는 서핑 명소이기도 하다. 그러면 그렇지.

닉 우드먼이 인도양의 파도와 바람을 느끼며 나시고렝이나 먹으러 발리까지 간 건 아닌 것 같다. 그는 스스로의 사업 아이템을 착실히 생각하고 있었다. 그는 2001년에 고프로의 원형이라 할 만한 아이디어를 떠올렸다. 그가 리시*에 35밀리 자동 필름 카메라를 묶은 후 그걸 손목에 감고 거울 앞에서 셀피를 찍은 사진이 남아 있다. 고프로의 사상적 원형은 이미 그때 완성되어 있었다.

닉 우드먼은 발리에 가면서 여러 종류의 카메라를 챙겼다. 직접 서핑을 하면서 스스로의 아이디어를 체크해 보기 위해서였다. 서핑은 집 근처에서도 충분히 할 수 있을 테지

---

*surfboard leash: 서퍼가 발목에 감는 벨크로 밴드. 서프보드와 몸을 이어준다.

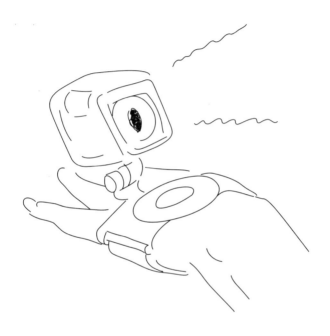

만 <먹고 기도하고 사랑하라>처럼 겸사겸사 자아도 찾지 않았을까 싶다. 아무튼 그는 미국으로 돌아와서 이 아이디어로 진지한 상품을 만들기로 했다.

말하자면 고프로는 FGI를 포함한 시장조사나 데이터 마이닝 같은 것에서 태어나지 않았다. 정반대다. 멘로 스쿨 서핑부 초대 회장님이 계속 정신 못 차리고 서핑하다가 '이런 거 하나 있었으면 좋겠는데' 싶어서 만들어진 것에 가깝다. 여기저기 계산기 두드리며 만든 물건은 쓰다 보면 결국 어딘가에서 티가 난다. 반대도 마찬가지다. 어떤 분야를 좋아하는 사람이 실질적인 필요에서 출발해 필드 테스트를 거쳐 만들어진 물건 역시 좀 다르다.

고프로는 데뷔 무대도 달랐다. 리트윗이나 킥스타터(Kickstarter)나 워즈니악*의 추천 같은 걸 거치지 않았다. 고프로는 대신 2004년 샌디에이고 액션 스포츠 리테일러 트레이드 쇼에서 처음 선보였다. 이런 것만 봐도 이 물건이 애호가 기반의 제품인 걸 알 수 있다. 심지어 초기 고프로는 카메라도 아니었다. 닉 우드먼의 아이디어였던 '손목에 감기는 카메라 하우징'에 가까웠다. 하드웨어보다는 하우징에 가깝다는 점, 몸을 비롯해 유저의 근처 곳곳에 밀착할 수 있다는 점 역시 지금까지 나타나는 고프로의 특징이다.

*스티브 워즈니악: 컴퓨터 엔지니어. 친구인 스티브 잡스와 애플 컴퓨터를 공동 창업했다.

이런 이야기의 배경이 '알고 보니 아버지가 큰 부자였다'라면 허탈해진다. 아니나 다를까 닉 우드먼의 아버지 딘 우드먼은 부자였다. 보통 부자도 아니었다. 딘 우드먼은 금융회사 메릴린치의 서부 지역 디렉터로 16년 동안 일하다 자기 이름을 건 투자은행을 만들고 펩시의 타코벨 인수 거래에 브로커 역할을 할 정도의 거물이었다. 딘은 1929년생, 닉은 1975년생이다. 늦둥이 아들 닉이 서핑을 하든 첫 회사 경영을 실패하든 크게 뭐라고 할 것 같지는 않다.

닉 우드먼이 아버지에게 받은 실질적인 도움은 얼마였을까? 그가 고프로를 홍보하며 처음 가지고 다닌 차는 1971년식 폭스바겐 미니버스였다. 아버지가 그에게 지원한 돈은 10만 달러, 얼추 1억 원 정도였다. 큰돈이다. 하지만 '에이 그게 뭐야. 아빠 돈으로 성공을 샀네'라고 할 정도의 액수는 아니다. 여기 더해 어머니에게 3만 5천 달러, 자기 돈 3만 달러 정도를 붙여서 고프로라는 사업을 시작했다고 한다. 고프로의 창립자금은 지금 서울 시내에서 카페 하나 시작하기 힘든 정도였다.

내가 고프로를 재미있어 하는 이유는 이 물건이 기술에 기반하지 않은 발상의 물건이기 때문이다. 고프로는 철저하게 사용자의 입장에서 생각해 태어난 아이콘이다. 카메라 업계에는 이미 종주국 독일을 물리치고 시장을 차지한 일본의 거대 카메라 기업이 있다. 그쪽의 카메라는 더 작게, 빠르게,

화질을 좋게 하는 기술에 치중했다. 숫자로 표현되는, 사진기 애호가에게 어필하면서 일반 사용자에게는 조금씩 멀어지는 매력 포인트다.

반면 고프로의 기본 개념은 이래도 되나 싶을 정도로 간단하다. 사진기는 그림을 만드는 물건. 우리는 아웃도어 카메라. 그러니까 우리한테 중요한 건 크기, 내구성, 방수, 장착 확장성. 고프로는 이 특징만을 극한까지 밀어붙인 물건이다. 닉 우드먼의 외길 서핑 사랑처럼.

고프로의 가장 큰 약점 역시 기술에 기반하지 않은 발상의 물건이라는 점이다. 액션캠은 혁신이 아니라 실행력의 산물이다. 핵심 개념에 특허를 낼 수도 없으니 따라 하는 걸 막을 수도 없다. 하드웨어의 명가 소니는 이미 광학기술을 잔뜩 끼얹으며 고프로의 라이벌이 되었다. 고프로의 주가는 서퍼의 파도처럼 찼다 빠졌다를 반복하곤 했다. 애플이 카메라 특허만 내도 고프로의 주가가 폭락할 정도였다. 더 싼 것도 많다. '짭프로'에 이어 '짭짭프로'까지 나왔다.

다행히 고프로에게는 시장 선점이라는 재산이 있었다. 시장 선점의 가장 큰 장점은 사용자를 먼저 확보했다는 사실 자체다. 유저가 생기고 나면 그다음에는 할 수 있는 게 많아진다. 고프로는 액션캠을 중심 축 삼는 하나의 생태계를 만들려 했다. 고프로가 있고 고프로를 온갖 곳에 붙일 수 있는 마운트가 있으면 이제 혹시 성능이 더 뛰어난 게 있더라도 기기를 바꾸기 어려워진다. 캐논으로 DSLR 장비를 꾸리며 렌즈를 사면 점점 니콘을 살 수 없게 되는 것과 마찬가지다. 거기 더해 고프로는 별도의 앱까지 만들어 편안하게 동영상을 편집할 수 있도록 했다. 아이폰과 아이튠즈의 관계처럼. 재미에서 시작한 일이 액세서리-하드웨어-소프트웨어로 이어지는 견고한 성 같은 비즈니스 모델을 꾸리려 했다.

이런 비즈니스 모델은 공식적으로 실패했다. 2014년 10월 1일 고프로의 주가는 91.8달러였다. 이 영광은 다시 돌아오지 않았다. 2018년 10월 1일 현재 고프로의 주가는 7.28달러다. 10분의 1도 안 된다. 신제품 드론 카르마는 발매를 연기했다가 전량 리콜했다. CEO 닉 우드먼은 비치 보이스의 낙천적인 가사처럼 "우리는 괜찮아질 거예요."라는 이야기를 반복했다. 비치 보이스가 예전의 낙천성을 다시는 찾지 못했듯 고프로의 영광도 되돌아올 것 같지 않다. 고프로는 지금 JP 모건 체이스를 매각 자문으로 두고 매각을 추진하고 있다. 잘되지는 않지만. 고프로의 기업가치를 100억 달러 이상으로 만들었던 파도가 어느샌가 다 빠져 버렸다.

솔직히 고프로가 잘 안 됐대도, 이 정도만 되어도 닉 우드먼의 삶은 아주 괜찮다. 먼로 스쿨 서핑부 초대 회장님이 남들 하는 거 안 하고 서핑에서 아이디어를 얻어 전에 없던 액션캠이라는 물건을 만들고 시장을 사실상 홀로 열어젖혔다. 기술의 소니와 가격의 샤오미가 고프로를 넘어뜨렸어도 액션캠이라는 장르를 만들었다는 역사적 사실의 주인은 영원

히 고프로다. 닉 우드먼이 그 주인공이고. 서핑부 회장도 할
만하지 않습니까?

나도 모르고 쓰는 기술

스타벅스(Starbucks)와
IT 인프라

매장 수가 수만 개에 이르는데도 스타벅스는 그 규모에 맞지 않는 낭만적인 수식어로 묘사된다. 커피가 아니라 경험을 판다는 이야기, 집과 직장이 아닌 '제3의 공간'이라는 이야기 등이 대표적인 예다. CEO 하워드 슐츠부터가 낭만적인 이야기를 좋아하는 사람 같다. 그는 고객과 커피와의 관계를 '로맨스'라고 표현한다. 전 세계의 직원 수가 28만 명이 넘는 스타벅스는 여전히 천진하게도 커피 맛이야말로 스스로의 본질이라고 강조한다. 그게 전부일까?

그렇게 생각하지 않는 사람들이 많은 것 같다. "사람들은 스타벅스가 커피 회사라고 생각한다. 하지만 모든 레스토랑에서 커피를 판다. 스타벅스를 특별하게 하는 건 기술이다." <컴퓨터월드>의 마이크 엘건이 쓴 기사다. 이 기사의 제목도 자극적이다. '커피는 잊으라, 스타벅스는 테크 회사다.'

스타벅스는 인터넷 기술을 아주 적극적으로 받아들인다. 이들은 하워드 슐츠가 CEO로 복귀한 2008년부터 CTO(최고기술책임자)를 영입했다. 모바일 결제 시스템 도입과 전용 어플리케이션 운용 등 스마트폰과 연동된 서비스도 열심히 만든다. 기술 친화적 면모는 스타벅스가 소비자와 가장 직접적으로 마주치는 매장에서도 나타난다. 사실은 스타벅스의 매장 자체가 시대의 아이콘이다.

스타벅스가 사람들을 모으는 가장 원초적인 인프라는 다름아닌 초고속 무선인터넷과 콘센트다. 내가 이 이야기를 <더기어>에 올렸을 때 어떤 독자는 '한국에 무료 와이파이 되는 커피숍이 얼마나 많은데 무슨 소리를'이라는 댓글을 달기도 했다. 물론 일리 있는 지적이다. 하지만 요즘 같은 세상에 무료 와이파이처럼 기본적인 서비스에서 정말 중요한 건 규모와 일관성이다. 이 설비가 갖춰진 커피숍이 몇 천 개, 전 세계에 몇 만 개 단위로 있다고 생각하면 이 설비들은 하나의 약속이 된다. 처음 가는 도시에 가서 무료 와이파이가 되는 카페를 찾는다고 생각해 보자. 그럴 때 스타벅스에 익숙한 사람이라면 '아, 스타벅스에 무료 와이파이가 있지'라는 생각으로 초록색 원을 찾게 된다.

전 세계 어디서든 국제적 규모의 대기업은 그 규모를 들이대며 사람들에게 자신들의 특징을 보증한다. 이제 우리는 전 세계의 빅맥과 던킨 도너츠의 맛이 어느 정도는 비슷할 거라 예상한다. 그래서 우리는 낯선 곳에서 배가 고플 때 맥도날드의 골든 아치와 던킨 도너츠의 로고 앞에서 항구를 찾은 배처럼 망설임 없이 그곳에 들어갈 수 있다. 해외에서 맥도날드에 가지 않는 사람이라고 해도 저 멀리 보이는 맥도날드의 골든 아치의 뜻을 알고 있을 확률은 무척 높다.

스타벅스 역시 국제적인 범위로 소비자들에게 약속한다. 여기서 무료 초고속 인터넷과 전원 연결이 되는 콘센트를 쓸 수 있다는 약속을. 즉 당신이 어디서든 인터넷에 연결되어야 한다면 스타벅스의 경쟁력이 높아진다. 스타벅스뿐 아니라 세상의 어느 대형 커피숍도 맛만으로 승부를 보기는 힘들기 때문이다.

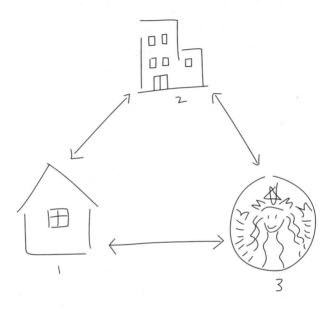

그런 장치에 투자한 덕분에 스타벅스는 '제3의 공간'이 된다. 제3의 공간은 하워드 슐츠가 스타벅스를 이야기하며 계속 강조하는 개념이다. 제1공간인 가정, 제2공간인 직장 다음의 공간이 "집과 사무실 중간에 존재하는 사회적이면서도 지극히 개인적인 공간, 즉 다른 사람과 관계를 맺는 공간이면서도 오롯이 혼자만의 시간을 가질 수도 있는" 제3의 공간이다. 하워드 슐츠는 <온워드>에서 "처음부터 스타벅스는 그런 소중한 기회와 시간을 고객들에게 제공하기 위해 시작되었다"고 썼다. 여기에 스타벅스가 IT를 받아들인 핵심이 있다.

스타벅스가 판매하는 건 커피뿐 아니라 소중한 기회와 시간을 주는 공간이다. 스타벅스의 커피 한 잔을 사는 건 일정한 시간 동안 스타벅스라는 공간의 점유권을 사는 것이기도 하다. 그리고 그 공간에서는 늘 초고속 인터넷과 풍부한 전원을 공급한다. 거기서 사람들은 다양한 일을 할 수 있다. 하워드 슐츠는 <온워드>에서 스타벅스를 찾는 다양한 종류의 사람들을 묘사했다. 비즈니스맨, 신생아의 부모, 중고등학생과 대학생, 커플, 퇴직자, 노트북 앞에 앉아 있는 사람들.

'제3의 공간'이라는 모호한 말을 구체적으로 생각해 보면 스타벅스가 제공하는 서비스의 원형이 보인다. 스타벅스를 일종의 초소형 초단기 공간 대여 서비스라고 볼 수도 있다. 여러 사람이 모였을 경우 응접실, 사람들이 모여서 이야기를 해야 한다면 회의실, 혼자 간다면 작업실, 서재, 혹은 대기

실로 쓰는 공간을 제공하는 것이다. 도시생활에 필요한 공간이지만 도시에 사는 사람들이 저렇게 다양한 공간을 다 자기 집에 갖추고 있을 확률은 높지 않다. 그래서 사람들은 여럿이 모일 때든 혼자 일을 할 때든 커피숍에 간다.

한 번 간 커피숍에 또 가게 하려면, 한 번 더 가는 걸 넘어 습관처럼 계속 가게 하려면 뭔가 장치가 필요하다. 모든 커피숍이 나름의 장치를 열심히 마련한다. 어떤 커피숍은 맛으로 승부한다. 인테리어로 승부하거나 위치로 승부하는 곳도 있다. 그리고 거의 모든 커피숍이 스탬프로도 승부한다. 스타벅스는 그 모두를 합격선 정도로는 구현해 둔 곳이다. 스타벅스의 커피가 최고는 아니다. 스타벅스의 인테리어 역시 세계에서 가장 멋있는 건 아니다. 하지만 적당한 커피와 적당한 인테리어를 어느 정도의 돈만 주면 공간과 함께 즐길 수 있다. 스타벅스 커피 한 잔을 마시는 데에는 이런 이유가 있다.

스타벅스의 IT 친화성은 사람들을 스타벅스로 끌어들이는 하드웨어 역할을 한다. 하지만 진짜 잘 되는 가게가 되려면 온 사람들이 계속 와야 한다. 이를 위해서도 스타벅스는 IT 기술을 적극적으로 활용한다. 스타벅스는 지금 모바일 결제 액수가 10억 달러를 넘어선 회사이며, 재고 관리와 직원 교육 등 여러 부분에서 효율적인 IT 인프라스트럭처를 구축했다.

스타벅스가 처음부터 이런 회사는 아니었다. 스타벅스가 IT 친화적인 업체가 된 기점은 2008년부터다. 2008년은 실적 부진 때문에 하워드 슐츠가 CEO로 복귀한 때다. 그때의 스타벅스는 방향을 잃고 방만해져 주가가 떨어져 있었는데 경제위기까지 찾아왔다. 하워드 슐츠는 사장님만 할 수 있는 과단성으로 기업의 각 부위를 과감하게 고쳤다. 그중 하나가 적극적인 IT 인재 영입과 시스템 구축이었다.

하워드 슐츠가 스타벅스에 IT를 도입한 이야기 안에는 IT에 관심은 있지만 잘 모르는 사람들에게 시사하는 바가 있다. 그는 CEO에 다시 취임하기 전 스타벅스 경영진에게 '평범해져 버린 스타벅스 경험'이라는 이메일을 보냈다. 스타벅스의 산파 입장에서 아쉬운 점을 지적한 내용이었다. 문제는 그 이메일이 유출됐다는 점이었다. 전직 CEO가 자신의 회사를 조목조목 비판한 내용이 공개되었으니 일이 커질 수밖에.

하지만 스타벅스쯤 되는 큰 회사의 CEO는 역시 보통 사람이 아니었다. 하워드 슐츠는 이 사건을 통해 "정보의 내용이 흘러가는 방법에 있어 거대한 변화가 일어나고 있다는 사실"을 깨달았다. 그는 여기서 더 나아가 "기술 혁신은 인간관계의 본질을, 그리고 사람들이 시간을 보내는 방식을 새롭게 정의하고 있었다."는 사실까지 파악했다. 스타벅스가 제공하는 것이 고객 경험이라면 고객이 원하는 대로 늘 어느 정도는 바뀌어야 했다. 기술 혁명은 인간관계와 사람이 시간을 보내는 방식을 바꾸고 있었다. 즉 스타벅스는 꼭 변해야 했다. 그때부터 그는 CIO(최고정보책임자)에 IT분야 인물을 데려오고 CTO(최고기술책임자) 자리를 만들어 회사의 각종 영역에 IT를 밀접하게 연결시켰다.

스타벅스의 IT 하드웨어가 사람들을 찾아오게 한다면 스타벅스의 소프트웨어는 온 사람들을 또 오게 하는 역할을 한다. 이들은 다른 커피 체인보다 훨씬 인터넷에 친화적인 멤버십 시스템을 만들었다. IT 기술은 오프라인 하드웨어로 사람들을 끌어들이는 동시에 온라인 소프트웨어로 사람들의 재구매와 재방문을 유도한다. 끊임없이 찾아오게 하는 동시에 한번 찾은 사람들이 계속 찾게 하는 구조를 만든다. 그 결과 스타벅스는 다른 커피숍이 계속 망하는 중에도 어느 시점까지는 계속 사세를 확장시킬 수 있었다.

새로운 세상에 어떻게 대응할지에 대해 모든 회사가 고민한다. IT가 유행이라고 하니까 홈페이지도 만들고 앱도 만들려고 한다. 하지만 스타벅스에서 볼 수 있듯 IT 기술은 목적이 아니라 수단이다. IT 기술 도입은 '우리가 IT 기술을 도입했습니다. 우리 엄청 멋있죠?'라는 자랑이 아니다. 변화하는 사람들의 생활에 대한 자연스러운 반응일 뿐이다.

한때 크게 성장했던 카페베네의 성공담을 다룬 <카페베네 이야기>라는 책이 있다. 그 책엔 "커피는 맛보다는 이미지가 훨씬 중요합니다. 사람들이 배가 고파서 커피를 마시는 것이 아니잖아요. 뭔가 여유로움을 즐기고 분위기를 만끽하고 싶어서 커피를 마시겠죠."라는 대목이 있다. 맞는 말이다. 아주 훌륭한 통찰이다. 카페베네가 잘 되었던 데에도 이유가 있다.

하지만 분위기를 즐기는 데는 한계가 있다. 사람들이 계속 찾게 하려면 분위기 이상의 뭔가가 필요하다. 그 '뭔가'를 채우기 위해서 쌓아 둔 스타벅스의 요소들이 튼튼한 브랜드를 이루는 줄기가 된다. 스타벅스의 IT 인프라스트럭처는 이들에게 커피 냄새와 비슷한 브랜드의 축이 되었다. 그렇게 스타벅스가 21세기의 아이콘이 되고 있다.

노트와 캐리비안의 해적

몰스킨(Moleskine)과
브랜드 스토리라는 것

피카소와 헤밍웨이와 브루스 채트윈은 몰스킨 브랜드 공책을 쓰지 않았다. 알리오 올리오가 파스타 요리의 이름이듯 몰스킨 노트 역시 그냥 공책 제작법의 이름이다. 그러니 몰스킨의 광고 문구인 '전설적인 공책'은 지금의 몰스킨 공책과 별로 상관이 없다. 몰스킨을 다룬 대부분의 영어권 언론 기사 역시 허구에 가까운 이들의 전설을 지적한다. 진짜 흥미로운 건 여기서부터다.

"과장이에요. 마케팅이지 과학이 아닙니다. 절대적인 진실이 아니라고요." 몰스킨은 스스로의 탄생 설화에 뚫린 구멍을 아무렇지도 않게 인정한다. 이건 2004년 <뉴욕 타임스>에 실린 모도&모도의 마케팅 총괄 프란체스코 프란체스키가 '헤밍웨이, 피카소, 그리고 채트윈의 전설적인 공책'이라는 몰스킨의 광고 문구에 대해 한 말이다. 이게 다 뭘까? 사람들이 속았을까? 그나저나 모도&모도는 뭘까? 이를 알려면 몰스킨 브랜드의 짧은 역사를 알아볼 필요가 있다. 정말 짧다. 지루하지 않다.

시작은 1997년이다. 밀라노에서 나고 자란 마리아 세브레곤디는 영국 작가 브루스 채트윈의 <송라인>을 읽다가 파리에서 몰스킨 제법(製法) 공책을 찾아 헤매는 작가의 에피소드를 본다. 그녀는 이야기 속 공책을 만들어 보고 싶어진다. 세브레곤디는 이탈리아의 작은 디자인 회사 모도&모도에 제안해 '몰스킨 스타일' 공책을 만들기 시작한다.

어쩌다 보니 일이 너무 커진다. 1997년 모도&모도가 만든 첫 몰스킨은 5천 부였는데 다음 해에 3만 부를 찍는다. 2004년에는 일본을 시작으로 아시아에 유통되기 시작한다. 2006년엔 사모펀드가 몰스킨을 만든 모도&모도를 인수한다. 2011년에는 공책의 캐릭터를 입힌 여행용품을 출시한다. 2013년에는 이탈리아의 증권시장 보르사 이탈리아나에 상장한다. 지금 몰스킨은 전 세계 92개국, 2만 개 이상의 판매처에서 팔려 나가고 있다. 연간 성장률은 꾸준히 25퍼센트라고 한다.

몰스킨은 영화 <캐리비안의 해적>과 비슷한 면이 있다. 이 히트 영화 시리즈의 원작은 애너하임에 위치한 디즈니랜드 놀이기구다. 미국 테마파크의 놀이기구에 옛날 유럽 뱃사람의 전설을 붙여 국제적인 규모의 대형 상품이 만들어진 것이다. 옛날 전설에는 주인이 없으니까 누가 뭐라고 할 수도 없다. 몰스킨도 그렇다. 이탈리아에서 디자인하고 중국에서 생산한 공책에 작가와 창작자의 낭만을 붙여 국제적인 단위의 히트 상품이 만들어진 것이다. 사라진 공책 제법엔 주인이 없으니까 누가 뭐라고 할 것도 없다. 교훈적이다. 역시 장사는 당당하게 해야 한다.

　손님들이 바보라서 <캐리비안의 해적>을 보거나 몰스킨을 좋아하는 게 아니다. 사람들은 <캐리비안의 해적>의 오리지널리티나 몰스킨의 뻔뻔한 이야기가 아니라 물건 자체의 가치와 상징에 집중한다. <캐리비안의 해적>의 성공 비결 중 하나는 잭 스패로우라는 새로운 타입의 영웅이다. 그런 식의 영웅이 필요하던 시기에 조니 뎁이 나타난 것이다. 몰스킨도 마찬가지다. 몰스킨이 성공한 이유 역시 사람들이 원하던 뭔가를 주었기 때문이다. 그러므로 몰스킨을 관통하는 질문은 조금 달라져야 한다. 이렇게. '몰스킨이 사람들에게 준 것이 뭘까?'

내가 뭔가 된 듯한 기분 아닐까? <가디언>의 2012년 기사는 이 부분을 파고든다. "당신이 (몰스킨에) 쓰는 건 최고로 머리 나쁘고 사소한 거겠지만 (몰스킨에 뭔가 쓰면) 헤밍웨이랑 이어진 듯한 기분이 들어요." 기사에 등장하는 디자인 비평가 스테판 베일리의 말이다. 짓궂은 말이지만 틀렸다고 보기도 힘들다. 그는 몰스킨을 쓰는 스스로를 조금 비웃는 것 같기도 하다. "10파운드쯤으로 살 수 있는 공책 중 몰스킨 정도 되는 건 많지 않아요. 나는 어쩔 수 없이 몰스킨을 사요. 한방에 뭔가 대단한 걸 쓸 수 있을 것 같은 기분을 줘요." 세상에 그런 공책은 없다. 몰스킨은 세상에 없는 기분을 파는 데 성공했다.

나는 몰스킨의 성공을 폄하하고 싶은 생각이 전혀 없다. 몰스킨은 퇴화하는 종이 기반 기업 사이에서 계속 성장하는 거의 유일한 회사다. <뉴요커>의 2015년 기사에 따르면 미국 최고의 사무용품 판매 체인점 스테이플스는 매장 200개를 닫는다고 한다. 뉴욕의 고급 문구점 케이트 페이퍼리에도 5개였던 매장을 1개로 줄인다. 200년간 이어진 고급 지류

회사 크레인&코 역시 미국 정부에 지폐 인쇄 재료를 납품하는 사업으로 연명하고 있다. 해적 영화가 줄줄이 실패하는 사이에서 성공한 <캐리비안의 해적>처럼 몰스킨 역시 홀로 성장하고 있다. 불타듯 사라져 가는 다른 종이 회사 사이에서, 그것도 아주 큰 규모로. 비결이 있는 것만은 분명하다.

몰스킨 창립자 마리아 세브레곤디는 나와 전에 진행한 이메일 인터뷰에서 몰스킨 공책의 3요소를 알려 주었다. 뛰어난 디자인과 품질, 영감을 부르는 이야기, 애호가 집단. 이 셋은 강한 선순환을 이룬다. 디자인과 품질과 낭만적인 이야기가 묶인 몰스킨 공책이 사람들을 끌어들인다. 학력과 자의식이 높은 몰스킨의 타깃 소비자들이 몰스킨 공책에 뭔가를 그리고 쓰면서 자신들의 자아를 표현한다. 이렇게 만들어진 몰스킨 베이스 콘텐츠가 웹에 올라간다. 결과적으로 몰스킨은 일종의 취향 공동체가 되어 비슷한 취향을 가진 사람들을 끌어들인다.
　　비슷한 취향을 가진 사람들을 끌어들이는 건 굉장히 중요하다. 몰스킨도 '디투어'라는 전시회를 연 적이 있다. 예술가, 건축가, 영화감독, 그래픽 디자이너, 일러스트레이터가 몰스킨을 캔버스 삼아 만들어 낸 '아트워크'를 보여주었다. 이런 전시의 효과는 분명하다. 다양한 몰스킨 라인업(사이즈나 종이 모양 등)을 등장시키고 그 위에 만들어진 작업물을 통해 일반 소비자에게 사용 가이드라인을 제시한다. 오

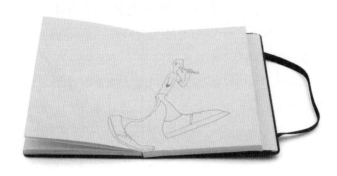

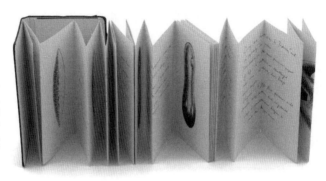

영화감독 스파이크 존즈(위)와
디자이너 로스 러브그로브(아래)의 몰스킨 노트.

프라인 행사로 사람들의 관심을 끌고 직접 움직이게 한다. 전시가 진행된 도시도 상징적이다. 런던, 뉴욕, 파리, 이스탄불, 도쿄, 베니스, 상하이, 베이징. 국제화 수준이 높은 대도시. 몰스킨의 타깃 소비자가 많이 살 곳이다.

현재의 인터내셔널 브랜드는 일률적으로 팬 문화 기반의 플랫폼 비즈니스 형태로 진화한다. 생산자 입장에서 팬은 중복 구매자 겸 자발적 광고판이다. 팬들은 물건을 사고, 그걸로 뭔가를 하고, 거기서 즐거움을 느껴서, 그 즐거움을 남에게 알린다. 내(회사)가 아닌 남(고객)이 자발적으로 내 물건을 알려줄 때 비즈니스는 나선형 선순환을 그리며 성공한다. 라이카가 그렇고 스타벅스가 그렇고 무엇보다 애플이 그렇다. 몰스킨도 그런 브랜드다. 몰스킨은 공책의 둥글둥글한 모서리와 이들의 낭만적인 이미지와는 달리 시장의 흐름을 날카롭게 분석하고 있다. 몰스킨이 적극적으로 실행하는 콜라보레이션과 디지털화는 모두 마리아 세브레곤디가 언급한 몰스킨 공책의 3요소에 포함된다.

몰스킨은 물리적인 종이 뭉치에 손으로 쓴다는 일의 본질적인 즐거움에서 출발한다. 쓴다는 것이 어떤 정신적인 만족감을 주는지, 동시에 어떤 세속적인 우월감을 주는지. 동시에 몰스킨은 스스로의 성공 비결과 향후 방향도 확실하다. 누가 몰스킨을 찾는지, 그들이 몰스킨에게 무엇을 원하는지, 몰스킨은 그들에게 무엇을 주는지.

이어지는 마리아 세브레곤디와와의 인터뷰에서 몰스킨이라는 흥미로운 브랜드의 흥미로운 성공 비결을 조금 더 들여다볼 수 있을 것이다.

<u>19년 전에 첫 몰스킨을 만들었습니다. 지금의 거대한 성공을
예상했나요?</u>
오, 물론 아니죠. 이렇게 동화처럼 큰 성공을 믿을 수 없는
동시에 아주 믿을 만한 일이라는 생각이 들기도 해요.
내가 늘 머릿속에 생각하던 것을 깨달을 기회를 갖고,
모도&모도와 함께 뭔가를 시작하던 바로 그 때가 말이에요.
아이디어는 생각하기에 따라 커질 수 있어요.

<u>몰스킨은 공책을 만드는 방법 중의 하나나죠. 당신이 영감을
얻었다는 브루스 채트윈도 "진짜 몰스킨은 사라졌다."고
1986년에 썼어요. 하지만 당신의 몰스킨은 사람들을
혼란시킬 수도 있지요.</u> 피카소와 모네와 채트윈과 헤밍웨이가
'몰스킨' 브랜드 공책을 썼다고 말이에요.
우리는 공책을 다시 만들어 냈어요. 피카소와 모네 등의
예술가와 사상가가 쓰던 이름없는 공책을 발전시켰어요.
그리고 전설적인 공책 이야기를 끼워 넣었어요. 우리의
손님들에게 문화적 체험을 통한 영감을 주는 것이 목표였지요.
그렇기 때문에, 당신의 손안에 있는 그 몰스킨에는 여러 가지
의미가 있어요. 그 공책은 아름다운 디자인 오브제이고,
오리지널의 후계자이며, 고품질의 종이와 아주 잘 계산된
디테일이 들어간 물건이에요. 당신의 몰스킨은 당신의
아이디어와 프로젝트와 스케치와 글에 힘을 불어넣는
이야기를 들려 주죠. 그러니 우리 공책엔 혼란이 없어요.
몰스킨 이야기는 브랜드와 문화적 가치에 대한 것이지

트레이드마크가 아닙니다.

몰스킨은 어디서 누가 사나요?

유럽이 가장 큰 시장이에요. 2015년 기준으로 43퍼센트네요.
아마 유럽이 우리가 시작한 곳이고 몰스킨의 전설이
뿌리내린 곳이기 때문일 거예요. 미국은 39퍼센트,
아시아태평양은 18퍼센트인데 굉장히 빨리 성장하고 있어요.
우리의 사회·인류학적 고객 모델은 남녀가 포함된 18~55세의
교육 수준이 높은 사람들이에요. 그들은 도시에서 살거나
일하고, 온라인에 무척 익숙하고, 의식적이든 그렇지 않든
창조적이고자 하는 열망이 있어요. 이 넓은 그룹 안에서도
'크리에이티브 코어'가 있는데, 이들은 그들의 직업과
창의성이 강하게 연결되어 있는 사람들이에요. 예술가,
디자이너, 건축가, 작가, 오피니언 리더, 혁신가 등이지요.
'크리에이티브 코어'에 더해지는 사람들은 지식 노동자로
불리는 사람들이에요. 하이테크 비즈니스나 금융권 등에서
일하는 다양한 지식산업 종사자들입니다.
창의성은 이들의 직업 혹은 개인적인 일상의 일부예요.
우리는 이런 사람들의 상황에 따른 다양한 요구를 만족시킬
만큼 넓은 범위의 물건을 제공해요. 우리의 손님인 창조적
프로페셔널, 지식 노동자, 우등생은 말하자면 '글로벌 니치'
마켓이에요. 그래서 우리의 판매는 각국 고객별 특징이
아니라 브랜드와 고객 접점의 영향을 받아요. 이 사람들은
국경을 뛰어넘는 비슷한 태도와 열정을 갖고 있어요.

저는 모든 히트 상품에는 손님의 마음을 건드리는 요소가 있다고 생각해요. 몰스킨은 무엇으로 고객의 마음을 건드렸을까요?

몰스킨의 창의적이고 스타일리시한 매력, 몰스킨의 빈 페이지가 불러일으키는 여행의 욕구라고 생각해요.

사모 펀드에 회사가 팔릴 때는 어떤 기분이었습니까?

사실 조금 걱정했죠. 하지만 우리는 투자자들 중 하나를 고를 수 있었어요. 우리를 인수한 곳은 작은 회사였던 우리의 높은 잠재력을 가장 잘 이해한 회사였어요. 그들은 몰스킨의 구조뿐 아니라 브랜드 가치에도 투자할 의지가 있었어요. 그때부터 10년 가까이 지난 지금 브랜드가 성장하고 성공했으니 그들의 선택이 옳았음이 증명되었죠.

몰스킨의 '콜라보레이션'이 궁금합니다. 몰스킨과 다른 브랜드 중 누가 먼저 제안하나요? 콜라보레이션 제품을 만들 때의 규칙이 있나요? 규칙이 있다면 무엇인가요?

제안은 받기도 하고 하기도 해요. 분위기에 달려 있어요. 협업에는 구체적인 가이드라인이 있어요. 우리에게 가장 중요한 건 문화, 창의성, 기억, 자기표현에 대한 가치를 파트너와 나누는 거예요. 파트너 브랜드와 고객에게 기억할 만한 경험을 줘야 한다는 일반적인 목표도 달성해야 해요. 마지막으로, 그쪽과 우리가 윈윈 할 수 있는 비즈니스 모델을 만들어야죠.

몰스킨의 가장 흥미로운 콜라보레이션은 어도비와 만든
스마트 노트북입니다. 어떻게 이런 걸 만들 생각을 했나요?
2012년부터 우리는 아날로그-디지털 연속성을 촉진시키기
위해 기꺼이 다른 디지털 파트너와 협업했습니다. 생산성을
높이고 아이디어를 더 떠올릴 수 있도록 종이와 스크린
사이를 매끈하게 오가는 경험을 가능하게 하는 것이
목표였어요. 스마트 노트북, 저널, 다이어리는 에버노트와
함께 만들었습니다. 프로페셔널의 생산성을 높이는 데
도움이 되었죠. 창의적인 직업을 가진 사람들과 디자이너를
위해 어도비와도 협업했어요. 스마트 노트와 무료
어플리케이션은 핸드메이드 스케치를 디지털 파일로 만들어
주고 즉시 디지털 환경에서 편집 가능하도록 해 줍니다.
그 결과 창작의 전체 과정이 최적화되고 단순화됩니다.

몰스킨의 19년에서 가장 중요한 순간은 언제였나요?
굉장히 많죠. 100만 권째 공책이 팔렸을 때, 플리커
아카이브에 우리 공책 사진이 올라간 걸 처음 봤을 때, 몰스킨
애호가 그룹인 '몰스키너리'가 처음 나타났을 때, 유명해지기
10년 전인 12명짜리 회사 시절에 '몰스킨을 사려면 어디로
가야 할까요?'라는 메일을 받았을 때…… 고르기가 너무
어려워요.

디지털 디바이스로 점점 많은 일을 할 수 있어요. 몰스킨의

미래에 어떤 영향을 미칠까요?

나는 무척 긍정적이에요. 우리는 글을 쓰고 스케치를 할 때 쓰는 종이의 역할을 강하게 믿고 있어요. 신경과학자와 교육학자는 종이에 뭔가를 쓸 때의 감성적이고 인지적인 강점을 연구해요. 권위 있는 연구자들이 종이의 장점을 증명하고 있기도 하고요. 게다가 디지털 네이티브에 속하는 젊은 친구들은 물리적인 경험을 다시 찾아내고 다시 만들어 내는 일에 가장 열성적이에요. 기술이 점차 표준화될수록 우리는 우리의 정체성과 강하게 연결되어 있는 독특한 특징을 다시 찾아내야 해요.

디지털 디바이스는 공책처럼 손으로 쓰는 입력 기구 시장에 타격을 줄 수도 있습니다. 디지털 디바이스 업계의 성장이 불안하지는 않습니까?

나는 디지털 업계의 성장이 불안하지 않아요. 오히려 나는 기술 덕분에 늘어날 가능성에 흥분됩니다. 우리는 종이가 죽지 않을 거라고 강하게 믿고 있어요. 반대로 우리는 우리가 지금 실험하고 있는 몰스킨 M+ 콜렉션처럼 다른 경험을 제공할 수 있다면 종이의 활용도가 더욱 높아질 거라고 믿어요. 그 예가 우리의 최신작인 스마트 라이팅 세트입니다. 스마트펜과 앱을 이용해 특수 노트에 디자인하면 당신의 손글씨가 실시간으로 당신의 디바이스에 들어갑니다. 그렇게 만들어진 텍스트를 바로 공책에서 이메일로 보낼 수도 있어요. 공책에 있는 편지봉투 아이콘만 누르면요.

몰스킨의 디테일인 고무 밴드, 속주머니, 가장자리의 둥글림,
첫 페이지에 적힌 문구는 모두 당신이 떠올린
아이디어인가요? 그 디테일 모두가 첫 몰스킨부터
들어있었나요?

공책의 주된 특징은 헤밍웨이, 피카소, 채트윈의 공책이 가진
특징이에요. 고무 밴드, 둥글린 가장자리, 속주머니, 검은색
표지와 미색 내지 모두. 우리는 품질을 개선하고 디자인
디테일을 발전시켰을 뿐이에요. 내 아이디어는 "잃어버렸을
때(in case of loss…)"라는 문구예요. 브루스 채트윈이
여행하다 공책을 잃어버렸을 때 적어 둔 "여권을 잃어버리는
건 작은 걱정이었다. 공책을 잃어버리는 게 대재앙이었다."
라는 구절에서 착안했습니다. 그의 책 <송라인>에 이 작은
의식이 잘 묘사되어 있어요.

세상엔 아주 많은 공책과 문구 브랜드가 있습니다.
그중에서 확실히 눈에 띄는 몰스킨만의 특징은 무엇인가요?
몰스킨은 문구 브랜드가 아니에요. 몰스킨은 문화적
아이콘이고, 사색으로 길을 밝히는 여행 브랜드입니다.

당신은 "잃어버렸을 때"의 대가로 무엇을 적어 두었나요?
"한번 이야기해 봅시다."라고 써 두곤 해요. 불행하게도 내
노트를 잃어버렸다면 난 진지하게 그 노트를 찾아 준 사람과
개인적으로 만나 제대로 된 보상을 이야기해 보고 싶어요.

**신앙에 가까운
자신감**

다이슨(Dyson)의 길

다이슨 진공청소기는 훌륭하다. 써 보면 안다. 다이슨에 대한 수식어는 이걸로 충분하다. 나도 여기까지만 쓰고 원고를 끝내고 싶지만 그럴 수는 없어서 계속 적고 있다.

다이슨에서 가장 훌륭한 점은 모든 요소의 완성도가 골고루 높다는 점이다. 다이슨은 기술이 훌륭할 뿐 아니라 디자인도 멋지고 사용자 편의성과 브랜드 이미지도 뛰어나다. 이 원고를 적는 데 도움을 구하기 위해 당시 이들의 최신 제품인 V6 플러피를 며칠 빌려 쓰며 한번 더 느낄 수 있었다. 그래서 편의상 이 물건으로 예를 들어 말하지만 다이슨의 모든 물건은 거의 비슷한 지점으로 수렴한다.

우선 기술. 다이슨의 뿌리와도 같은 기술의 본질은 간단하다. 먼지 흡입을 방해하는 먼지봉투를 없앴다. 원심력을 일으켜 흡입력을 강화하는 고깔 모양 사이클론을 내장했다. 그래서 먼지를 잘 빨아들인다. 여기까지다. 이후의 디테일은 굉장히 발전했지만 다이슨이 일본의 파트너와 처음 만든 G-포스부터 내가 써 본 V6 플러피까지 이 원리는 변하지 않았다. 훌륭한 기술이다. 하지만 기술이 좋은 회사는 많다. 다이슨이 남달리 훌륭해지는 지점은 여기서부터다.

다이슨은 생김새도 멋있다. 노랑이나 빨강 등의 대담한 색감, 투명한 먼지통, 가장 잘 보이는 곳에 힘줄처럼 솟은 굴곡. 따라하면 바로 티가 나는 다이슨 특유의 디테일이다. 잊혀지는 게 목표인 것처럼 생긴 보통 생활가전과는 다르다. V6 플러피를 흰 벽에 세워 두면 의도된 오브제 같다. 생활가

전 특유의 찌든 느낌이 없다.

훌륭하게도, 다이슨 디자인의 요소는 모두 기술과 연결된다. 연결이라는 말은 부족하다. 다이슨의 디자인은 기술을 반영하고 기술에게 봉사하며 기술을 설명해서 결과적으로 기술을 돋보이게 한다. 가장 눈에 띄는 울퉁불퉁한 부분은 다이슨 기술의 핵심인 사이클론 실루엣의 일부다. 만약 사용자가 이게 뭘까? 라고 생각하며 찾아본다면 그 순간 다이슨의 기술을 배우게 된다. 이 실루엣은 늘 빨강이나 노랑처럼 눈에 잘 띄는 색으로 칠해져 있다. 핵심기술을 강조하는 화려한 디테일이다.

투명한 먼지통이야말로 다이슨 디자인의 핵심이다. 다이슨이 강조하는 흡입 성능을 증명하려면 성능을 보여주면 된다. 다이슨을 쓰면 먼지통 안에 먼지 뭉치가 쌓이는 걸 볼 수 있다. 내 공간이 이렇게 더러웠고 다이슨이 이 더러운 공간에서 얼마나 먼지를 잘 없애 주는지 즉시 알려 주는 지표다. 사용자들은 '으으으' 하면서도 진공청소기를 쥔 손에 힘을 더 주게 된다.

교훈의 겉모습까지 아름다울 필요는 없다. 때를 밀 때를 생각하면 된다. 때를 미는 이유 중 하나는 내 몸에 있던 국수 같은 때를 눈으로 확인하는 불쾌한 쾌감이다. 내 몸에 때가 붙어 있었다는 불쾌함과 이제는 더이상 내 몸에 때가 없다는 쾌감의 합은 단 것과 짠 것을 함께 먹은 것처럼 강렬하다. 다이슨의 먼지통은 그런 종류의 쾌감을 주는 디자인이며,

73

이 디자인은 다이슨의 먼지봉투 없는 청소기 기술 덕에 존재할 수 있었다. 기술과 디자인이 하나의 목표 아래에서 각자의 역할을 하고 있는 것이다.

기술과 디자인은 사용자 편의성으로 이어진다. V6 플러피의 대표적인 사용자 편의성은 무게중심이다. V6 플러피는 손에 들고 쓰는 핸디형 청소기라서 진공청소기를 들고 천장이나 책꽂이 위쪽의 먼지를 청소할 때도 있다. 그래서 다이슨은 이 청소기의 무게중심을 본체 쪽에 몰아 뒀다. 보통 모터가 아래쪽에 있는 핸디형 청소기와는 달리 위쪽에 있는 먼지도 손쉽게 청소기 헤드를 들어올려 빨아들일 수 있다.

이 이야기는 기자를 대상으로 한 신제품 발표회에서 직접 들었다. 다이슨의 프레젠테이션이 열리면 딱 봐도 엔지니어 같은 영국의 본사 사람들이 직접 온다. 마지 못해 입은 듯한 구겨진 셔츠 차림에서 직장생활의 고단함이 묻어난다. 동시에 그만큼 실제 제작에 참여한 사람들이라는 티가 난다. 실제로 만든 사람들이 실무자 관점에서 물건을 이야기한다. 디자인과 융합한 기술이 맨 앞에 있는 회사라는 사실을 여기서도 느낄 수 있다.

이를 통해 다이슨만의 브랜드 이미지가 생긴다. 기술과 디자인이 모두 뛰어나고 사용자 편의성도 훌륭하지만 가짜 브랜드 이미지를 만들어 내는 장난은 안 친다는 이미지가. 우리의 기술과 디자인이 곧 우리의 브랜드 이미지이며, 이것로 충분하다는 도도한 이미지가. 다이슨의 브랜드 메시지는 다른 프리미엄 브랜드처럼 이 말로 수렴된다. '우리는 비싸다. 그럴 만하니까'.

비싼 물건이 팔리는 가장 중요한 조건은 납득이다. 다이슨은 스스로의 힘으로 남을 납득시키는 데 성공했다. 정공법과도 같은 이상적인 이야기지만 알다시피 세상은 정공법이 잘 통하는 곳이 아니다. 바로 그렇기 때문에 다이슨이 더 빛나는 것이기도 하다. 다이슨은 너저분한 세상에서 능력으로 성공한 남자의 회사라는 사실을 틈날 때마다 강조한다.

너저분한 세상에서 능력으로 성공하기. 이건 제임스 다이슨이 약 400페이지 분량(한국어판 기준)의 자서전을 통해 전하는 메시지이기도 하다. 다이슨을 말하려면 다이슨을 만든 제임스 다이슨을 뺄 수 없다. 다이슨의 장점인 기술과 디자인, 사용자 편의성과 브랜드 이미지는 모두 제임스 다이슨의 아주 강한 정체성과 연결되어 있다.

제임스 다이슨의 자서전인 <계속해서 실패하라>에는 다이슨의 능력과 노력뿐 아니라 엄청나게 괴팍한 성격과 아주 강한 고집도 잘 드러나 있다. 읽다 보면 좋은 물건은 아무나 만드는 게 아니구나 싶어진다. 다이슨이 만든 건 단순히 더 좋은 물건도 아니었다. 진공청소기 업계에는 100여 년간 번성한 기존의 강자와 그로 인해 생긴 고정관념이 있었다. 다이슨은 그 기존 질서에 시비를 건 이단아였다. 다이슨이 정말 대단한 점은 좋은 물건을 만든 게 아니라 사실상 홀몸으로 세상과 싸워서 끝내 이겼다는 점이다.

지금이야 잘됐지만 다이슨이 고생을 많이 한 건 사실이다. 최초의 사이클론 기술을 만들기 위해 5126번 실패했다는 이야기는 잘 알려져 있다. 진짜 고생은 그때부터 시작이었다. 기술의 상용화를 위해 다이슨은 10년 넘게 사람들을 설득하러 다녀야 했다. 그가 마침내 본인의 이름을 단 청소기를 만들기까지는 15년이 걸렸다. 다이슨은 12년 동안 발명품을 개선하고 특허를 보존하기 위해 300만 파운드를 썼다. 내 생각이 옳았다는 걸 시장에 증명하는 데 15년이 걸린 것이다. 대단한 에고다. 보통 사람이 아니다.

성격도 보통이 아닌 것 같다. 그는 책 제목처럼 계속해서 실패하는 과정을 보여주며 온갖 사람들을 계속 험담한다. 자신의 기술을 무시하거나 막거나 비난하려는 업계의 구태의연한 사람들, 물건보다는 광고와 돈벌이에 더 관심이 있는 영국의 광고인과 금융인, 좋다고 말만 하면서 좋은 결과를 주지는 않는 미국인, 내 기술을 상용화하긴 했지만 개런티를 이상한 방식으로 주는 일본인, 비합리적인 특허 시스템, 그리고 근본적으로 멍청한 물건을 만들어서 잘도 팔아왔던 진공청소기 업계의 강자들. 다이슨은 이 사람들을 욕하려고 자서전을 쓴 건가 싶을 만큼 강하게 같은 메시지를 반복한다. 이 책의 원제는 <역경에도 불구하고 Against All Odds>다.

다이슨 같은 사람이 호락호락할 리 없다. 책의 곳곳에 다이슨이 싸우고 소송한 이야기가 나온다. 다이슨은 협상을 하다 이야기가 자기 마음에 안 들게 흘러가자 재킷도 안 들고 호텔 방을 나가 버렸다. 다이슨을 만들고 통신판매 회사와 접촉할 때 이야기가 잘 안 통하자 "너희들 물건이 별로니까 내 청소기가 들어가야 하는 거"라고 화를 냈다. 소송은 얼마나 많이 했는지 자서전에 소송 노하우를 소개("현지 변호사를 써라.")할 정도다. 책에 쓰인 게 이 정도면 안 적힌 건 더 대단할 것이다. 그는 스스로 "나의 까다로움은 결국 나의 경쟁력이었다."고 적었다. 이런 사람이 직장 동료라면 싫을 것 같다. 진공청소기 소비자로 만족하고 싶다.

눈에 보이지도 않는 성과를 위해 돈을 쓰고 기술을 팔겠다며 전 세계를 돌고 맹렬히 소송을 하던 원동력이 무엇이었을까? 역시 답은 말도 안 될 정도로 강한 정체성이다. 그는 한창 본인의 기술이 안 팔리던 때를 이렇게 회상한다. "그럼에도 포기하지 않을 수 있었던 것은 내 진공청소기가 매력적인 제품이고 누군가 알아볼 것이라는 신앙에 가까운 믿음 덕분이었다." 내가 만든 것에 대한 신앙에 가까운 믿음. 이런 게 있는 사람이 몇이나 될까.

다이슨의 물건은 진공청소기와 선풍기 모양을 한 어느 천재의 에고일지도 모른다. 다이슨이 모든 부분에서 뛰어난 이유 역시 다이슨 본인이 제품에 관련해 모든 부분을 익혔기 때문이다. 그는 예술을 전공한 엔지니어다. 회사를 운영하면서는 광고와 생산과 마케팅 등 모든 부분의 본질을 배웠다. 모든 면에서 유기적으로 기능하는 물건을 만들려면 강력한 리더가 필요하다. 다이슨은 아주 독선적인 중앙집권제에서 만들어진 물건처럼 보인다.

다이슨 동화는 이렇게 정리할 수 있다. 어느 독특한 영국인이 삶을 걸고 대단한 내기를 했다. 그 내기에서 이긴 후 만들어 낸 물건이 전 세계의 먼지를 빨아들인다. 이런 방식이나 인간형이 좋든 싫든, 다이슨 진공청소기가 시대의 상징이라는 것만은 확실하다. 아주 먼지를 잘 빨아들인다는 사실도.

애플의 세계

아이폰(iPhone)의 상자와
아이팟(iPod) 셔플

아이폰의 첫인상은 부담스러울 정도로 새하얀 흰색이다. 애플 제품을 경험하는 건 물건의 전원을 켤 때부터가 아니라 그 제품 상자를 열 때부터 시작된다. 상자를 열어 보면 무균실에서 바로 온 듯한 새 아이폰이 있다. 전화기를 들면 그 아래에는 전화기 폭에 딱 맞게 파인 받침이 보인다. 그 받침의 가운데에는 둥근 구멍이 뚫려 있고 그 아래로는 손잡이처럼 보이는 반원형 흰 종이가 보인다. 그걸 또 들어내면 아래 이어폰과 케이블과 충전기가 있다. 이 부품들도 맞춤 셔츠처럼 딱 맞는 틀 안에 고이 놓여 있다. 모든 것이 딱 맞게 정리되어 있다.

방금 묘사한 모든 것이 애플의 의도다. 사용자는 저 일련의 경험을 통해 결과적으로 '어떻게 설명해야 할지 잘은 모르겠지만 뭔가 대단히 좋은 걸 갖는 기분'을 느끼게 된다. 그거야말로 애플이 노린 바다. 인지과학자 도널드 노먼은 <심플은 정답이 아니다>에서 "가장 좋은 디자인은 설명이 없는 디자인"이라고 했다. 애플은 이런 디자인의 명수다. 이 경우에는 설명하지 않고도 전화기 아래에 있는 부품을 꺼내게 하려면 어떻게 해야 하는지 알게 한 것이다.

<파이낸셜 타임스> 주말판 '하우 투 스펜드 잇' 2015년 3월 6일자에는 애플의 최고 디자인 책임자인 조너선 아이브의 인터뷰 기사가 실렸다. 그 기사의 마지막 부분은 조너선 아이브가 애플 워치의 상자를 실험하는 장면이다. 조너선 아이브는 상자의 바깥 부분을 든 채 안쪽 상자가 어떤 속도로

떨어지는지 관찰했다. 마찰 계수를 고려해 최적의 '상자 빠져나오는 속도'를 계산하려는 것이었다. 아이폰이나 아이패드 박스를 열 때 특유의 쏙 하는 느낌도 그런 식으로 계산되었을 것이다. 상자 안에 있을 물건에 대해 적당한 기대를 만들 정도로 천천히 열리지만 '이거 안 열리는데'라는 생각까지는 들지 않을 정도의 소요 시간을, 애플은 계산했을 게 확실하다. 애플은 아주 미세한 요소까지 계산과 조종의 영역에 집어넣으며 특유의 이미지와 사용감을 만들어 낸다.

아이폰과 안드로이드 기반 스마트폰의 큰 차이점은 실제 복잡도가 아니라 체감되는 복잡도다. 컴퓨터의 영역으로 들어가면 둘 다 복잡한 건 마찬가지다. 아이폰은 덜 복잡하다기보다는 덜 복잡하게 느껴지는 물건이다. 그 느낌을 주는 능력이야말로 애플의 힘이다. 인터페이스를 수납공간에 비유하면 아이폰은 큰 서랍장 하나만 있는 깨끗한 방이다. 사실 서랍장 안에는 수백 개의 다른 서랍이 있다. 하나를 열면 또 다른 서랍이 나오고 그걸 열면 또 다른 서랍이 나오지만 그냥 봐서는 그 사실을 잘 알 수 없다. 그냥 봐서는 잘 알 수 없다는 사실이 중요하다.

복잡함을 잊게 하는 선결조건은 고장이 나지 말아야 한다는 점이다. 이 지점에서 애플의 기술과 관리가 빛난다. 애플은 앱스토어에 등록하는 어플리케이션을 엄격하게 관리해 충돌 가능성을 줄이고, 바이러스와 보안 등의 위험성에서도 안드로이드보다 낫다. 애플이 대표하는 21세기 초기의 시대정신은 결국 디자인과 기술이 모두 뛰어나야 성공한다는 것이다. 기술과 디자인, 혹은 성능과 이미지는 대립이 아니라 양립하는 것이다. 그 양립이 성공하기만 한다면 제품 상자를 열 때부터 즐거워질 수 있다. 이를테면 아이폰의 상자를 열 때처럼.

아이폰을 중심으로 삼는 애플의 제품군을 일종의 국가로 봐도 될 것 같다. 각자의 기기가 모여 거대한 라인업이 된다. 손님들은 그중 하나만 사서 써도 애플이 만들어 둔 세계로 빨려 들어가곤 한다. iOS와 아이튠스의 자동 동기화나 아이클라우드 데이터 백업은 사용자를 애플에 붙잡아 두는 강력한 동기가 된다. 요즘에는 이런 걸 통합 생태계 같은 멋진 말로 표현한다. '중독성 강한 다단계' 같은 말로 표현한다 해도 어감은 다르지만 실질적으로는 큰 차이가 없다.

　그중에서도 아이팟 셔플은 애플 국가의 다른 기기와 꽤 달라 보인다. 액정이 없고 인터넷 연결도 안 된다(인터넷 연결이 되는 PC는 필요하다). 앱을 깔아 온갖 기능을 하는 애플의 체급별 컴퓨팅 제품과 달리 음악 재생과 셔플, 보이스 오버만 된다. 보이스 오버는 3세대부터 추가되었고 처음에는 있지도 않았다. 액정도 없는 재생 전용 MP3 플레이어가 애플이라는 이름으로 11년 동안 팔렸던 것이다. 어쩌다 이렇게 되었는지 보려면 아이팟 셔플이 처음 나온 2005년으로 돌아가 볼 필요가 있다.

스티브 잡스는 맥월드에서 정말 중요한 걸 "One more thing(하나 더)"이라 말하며 꺼내는 일로 애플 팬을 열광시켜 왔다. 아이팟 셔플은 2005년의 '원 모어 띵'이었다. 아이팟 셔플이 나오기 1년 전인 2004년은 MP3 플레이어 시장에서 아이팟의 비중이 31퍼센트에 불과했다. 시장의 60퍼센트 이상이 플래시 메모리 MP3 플레이어의 차지였다. 그래서 애플은 아이팟 미니를 출시했고 1년 후 애플은 MP3 플레이어 시장의 90퍼센트 이상을 점유했다. 애플은 시장을 틀어쥐기 위해 더 작고 싼 걸 만들 필요를 느꼈다. 스티브 잡스는 이런 걸 한참 설명하던 중 목걸이 액세서리를 이야기하는 부분에서 아무렇지도 않다는 듯 아이팟 셔플을 꺼내 왔다.

당시 그의 프레젠테이션 영상은 아직도 인터넷에서 쉽게 찾아볼 수 있다. 그걸 보면 두 가지를 느낄 수 있다. 세상이 빨리 변하는구나. 스티브 잡스의 배포는 정말 대단하구나. 아이팟 셔플 역시 배포의 산물이었다. 스티브 잡스는 프레젠테이션에서 소형 플래시 메모리 MP3 플레이어 시장을 동물원이라고 표현했다. 종류가 너무 많았는데 모두 AAA 배터리를 쓰고 작은 액정을 달았다. 액정과 AAA 배터리라는 제한 안에서는 비슷한 모양이 나올 수밖에 없다. 애플은 정 반대 개념에서 시작했다. 액정을 빼고 내장 배터리를 썼다. 액정을 빼자 가격도 빠졌다. 당시 256MB 용량의 MP3 플레이어는 프레젠테이션에 의하면 149달러 정도였으나 아이팟 셔플은 512MB 모델이 99달러였다. 당시의 경쟁자라면 모든 회사가 이 정도를 만들 기술은 보유했을 것이다. 다만 남들이 하는 걸 마다할 용기가 있는 회사가 없었을 것이다. 애플은 남들이 하지 않는 걸 하면서 (최소한 그런 이미지로) 그 자리까지 갔다. 아이팟 셔플은 스티브 잡스스러운 뻔뻔함에서 나온 물건이었다.

13년이 지났다. 테크 업계에서는 엄청나게 많은 일이 일어날 수 있는 시간이다. 2007년 첫 아이폰이 나왔다. 같은 해 애플은 회사 이름에서 컴퓨터를 뺐다. 2011년 애플은 세계에서 가장 시가총액이 높은 회사가 됐다. 같은 해 스티브 잡스가 죽었다. 2014년 애플은 애플 워치를 발매했다. 같은 해 아이팟 클래식이 단종됐다.

애플은 회사 이름에서 자신들의 출발점인 컴퓨터를 떼어냈지만 굉장히 촘촘한 개인용 컴퓨터 라인업을 완성시켰다. 애플 워치, 아이팟, 아이폰, 아이패드, 맥북 에어, 맥북 프로, 아이맥까지. 자신의 창조주였던 스티브 잡스를 보내고도 그가 꿈꾸던 강력한 수직통합적 생태계를 구축했다. 웨어러블 컴퓨터부터 일반 PC까지, 1.5인치 크기의 애플 워치 38밀리부터 27인치 모니터의 아이맥 레티나 5K까지. 애플은 새롭다, 멋있다, 애플스럽다는 이미지를 유지하며 어느 순간부터 계속 뭔가 다른 것이 되었다. 비싸고 우아하고 까다로운 하드웨어를 만들던 회사가 음악이라는 모두의 즐길거리를 내세워 시장을 만들고 사세를 엄청나게 넓혔다. 음악 다음엔 전화기였고 전화기 다음엔 태블릿이었다. 그 변신은 스티브 잡스가 죽고 나서도 멈추지 않았다.

늘 새로우려면 늘 냉정해야 한다. 애플은 돌아본 적이 없었다. 조너선 아이브가 사랑한 흰색 플라스틱은 이제 애플의 물건에서 찾아볼 수 없다. 그는 이제 흰색 플라스틱 대신 산화 피막 알루미늄을 사랑한다. 밤에 산화 피막 알루미늄을 덮고 잔다고 해도 놀랍지 않을 정도다. 팀 쿡은 스티브 잡스식의 예술가적 고집을 많이 걷어냈다. 지금의 애플 라인업은 삼성을 비롯한 다른 회사처럼 디스플레이 크기에 따라 무척 촘촘하다. 이들의 터치스크린 디바이스인 애플 워치, 아이폰, 아이패드의 스크린 사이즈를 다 합치면 7개나 된다. 그중에서도 상징적인 변화가 아이팟 클래식의 단종이다. 클릭휠이 사라진 것이다. 애플과 타 MP3 플레이어 회사와의 결정적인 차이점을 애플은 스스로 과거로 흘려 보냈다. 애플에 클릭휠이라는 인터페이스가 있었다는 걸 보여주었던 마지막 기기가 아이팟 셔플이었다. 그것도 진짜 클릭휠은 아니었지만.

아이팟 셔플도 꾸준하게 진화했다. 소재는 플라스틱에서 산화 피막 알루미늄으로 변경됐다. 배터리 성능이 향상되어 스펙상 15시간 연속 재생이 가능하다. 저장장치 가격 하락에 따라 용량 대비 가격은 떨어졌다. 3세대부터 보이스 오버 기능도 추가되었다. 무게도 22그램에서 12.5그램으로 낮췄다. <인사이드 애플>에는 '애플 디자이너는 전통 산업디자인 프로세스에 업무의 10퍼센트만 투자하고 나머지 90퍼센트는 제조팀과 협력해 구상한 아이디어를 제품화하는 데 쓴다'거나 '재료를 제대로 이해하면 제품의 구조가 바뀌기 시작한다'는 말이 나온다. 그 결과 나온 것이 애플의 유니바디 케이스다. 애플은 자사의 최저가 모델인 아이팟 셔플에도 스스로의 철학을 집어넣었다. 그래서 케이스를 이루는 부품 수가 줄었다. 아이팟 셔플 2세대와 4세대는 거의 비슷하게 생겼지만 케이스를 이루는 부품 개수는 다섯 개에서 두 개로 부쩍 줄었다. 부품이 적어지면 조립 불량률도 떨어진다.

아이팟 셔플은 효과적으로 엔트리급 애플이라는 기능을 수행했다. 6만 5천 원이면 애플의 유니바디 케이스를 손에 넣고 그 질감을 만질 수 있었다. 그래서 아이팟 셔플은 애플 생태계에서 특이한 위치로 살아남을 수 있었다. 엔트리 애플이 되어 소비자를 생태계로 끌어들였다. 사용자가 이미 애플 생태계에 편입됐더라도 아이팟 셔플을 하나 더 사지 않을 이유가 없다. 액정이 없을 뿐 아이튠즈와는 편리하게 연결된다. 골수 애플 팬도 인터넷과 연결되지 않고 노래만 들으면서 조깅이나 하고 싶은 순간이 있을 수 있다. MP3 플레이어 사이에서도 지금 이 가격에 저 정도 완성도를 보이는 기계는 많지 않다. 애플 입장에서도 부담이 없을 것이다. 아이팟 셔플 4세대는 2010년부터 지금까지 색만 다르고 모양은 같다. 생산설비가 여전한데 물건을 계속 찍으면 마진율이 높아진다. 물건이 작으니까 물류비용도 부담 없다. 괌은 본토와 아주 멀리 떨어져 있지만 미국의 태평양 전략에서 일정한 역할을 차지한다. 아이팟 셔플이 애플에서 하는 역할도 비슷하다.

아이팟 셔플은 애플이 어떻게 여기까지 왔는지를 알려주는 흔적 기관같은 물건이었다. 모양뿐이라도 클릭휠이 남아 있었다. 이들이 음악이라는 기회를 만났음을 상징하는 음악 전용 재생 기능이 남아 있었다. 맹장은 척추동물의 작은창자에서 큰창자로 넘어가는 부분에 있다. 진화 과정에서 퇴화된 쓸모 없는 기관이라고 여겨지기도 했으나 사실은 면역에서 일정한 역할을 한다고 한다. 그래도 문제가 생겼을 경우엔 적출해도 큰 지장은 없다. 진화의 과정을 보여준다, 있으면 좋으나 없어도 큰 상관은 없다, 이거야말로 아이팟 셔플 아닌가.

아이팟 셔플이 최고의 MP3 플레이어라고 주장할 생각은 없다. 아이팟 셔플과 동일한 액정 없는 2기가 용량 MP3 플레이어는 현재 2만 원대다. 액정이 달리고 아이팟 셔플보다 저장 용량이 큰 것도 3~4만 원대다. 하지만 아이팟 셔플은 비싼 MP3 플레이어가 아니라 제일 싼 애플이라는 이름표가 붙는다. 아이콘이 된 소수만의 특권이다. 아이콘이 된다는 것은 그런 것이다. 여기까지가 2년 전 내가 적은 원고의 끝이었다.

여전히 애플은 뒤돌아보지 않는다. 애플은 2016년 아이폰

7을 발매하면서 3.5밀리 이어폰 단자를 삭제하고 블루투스 헤드폰 이어팟을 출시했다. 애플은 음악이라는 콘텐츠에도 더욱 집중했다. 애플은 2015년부터 애플 뮤직을 시작했다 (한국은 2016년). 월정액에 음악감상을 무제한으로 제공하는 스트리밍 서비스였다. 개인용 저장장치에 저장된 음악을 3.5밀리 이어폰으로 듣는 아이팟 셔플의 시대가 끝났다는 선언 같았다. 아이팟 셔플은 2017년 단종됐다. 단종 이후 아이팟 셔플의 가격은 오히려 오르기 시작했다. 아이팟 셔플이 아이콘이 되었다는 증거였다.

샤오미(Xiaomi)에만
있는 것

나는 보통 노트북, 스마트폰, 태블릿, 블루투스 스피커, 카메라, 휴대용 배터리를 쓴다. 테크에 큰 관심도 없고 저 물건 중 딱히 특이한 게 없는데도 벌써 여섯이다. 가끔 이 모두를 한 번에 충전시켜야 할 때가 있다. 그러면 멀티탭 주변은 열대의 나무처럼 무성해진다. 이때 샤오미 멀티탭이 훌륭한 대안이다. 기존 멀티탭보다 날씬하고 USB 충전을 지원하니까 편리하고 이것저것 꽂아 둬도 그림이 한층 낫다. 다 꽂아 둬도 별로 정신사납지 않다. 온대의 나무 정도랄까.

좋은 물건이 그렇듯 샤오미 멀티탭(제품명은 XMCXB01QM)은 여러 가지 관점으로 볼 수 있다. 샤오미 멀티탭은 뛰어난 가정용 콘센트이며 멋지게 디자인된 물건이다. 샤오미라는 세계로의 작은 진입로인 동시에 21세기의 전략가들이 짜고 있는 하나의 퍼즐 조각이기도 하다.

세 개의 USB 포트는 이 물건이 적절히 시장을 읽었음을 뜻한다. 요즘은 USB 포트로 아주 많은 종류의 가전제품을 충전할 수 있다. 스마트폰과 태블릿을 시작으로 블루투스 스피커, 보조 배터리, 조명, 마이크로 빔 프로젝터 등 온갖 걸 충전할 수 있는 세상이 됐다. 콘센트와 USB 포트가 붙어 있는 멀티탭은 시대적 요구였을지도 모른다. 하지만 전에도 USB 포트를 심은 멀티탭은 많았다. 샤오미는 뭐가 달랐을까.

생김새다. 샤오미는 창립한 지 10년도 되지 않은 시점에 샤오미풍이라 할 만한 디자인을 만드는 데 성공했다. 애플에서 한 숟갈 무인양품에서 한 숟갈 식으로 가져왔다고 볼 수도 있다. 하지만 어차피 모든 물건은 서로를 참고하고 모방하면서 성장한다. 애플은 독일의 바우하우스풍 디자인에 캘리포니아풍의 새하얀 마요네즈를 바른 것 같았다. 무인양품은 그걸 일본식으로 노릇하게 그을린 후 소금을 친 것 같았다. 그런 것쯤은 아무래도 상관없다. 중요한 건 정체성이다. 맥락을 깔아 두고 하나의 주제를 고수하면 정체성이 생긴다. 그다음부터는 하던 걸 반복하면 된다. 샤오미는 벌써 그걸 하고 있다.

샤오미의 디자인 정체성은 멀티탭에서도 나타난다. 한국에서 파는 다른 USB 멀티탭과 샤오미 멀티탭을 비교하면 쉽게 알 수 있다. 이 둘의 차이는 기능이 아니라 관점과 노력이다. 보통 우리 주변에서 파는 USB 멀티탭은 늘 보던 멀티탭에 마지 못해 USB 포트를 몇 개 붙여 둔 것처럼 생겼다. 샤오미와 비교하기엔 미안한 수준이다. 샤오미는 모든 걸 새로 디자인했다. 전체적인 레이아웃부터 작은 스위치의 모양까지.

중국 물건에는 저렴한 대신 덜 믿음직스럽다는 고정관념이 따른다. 멀티탭이 덜 믿음직스러우면 곤란하다. 샤오미 멀티탭은 안전성에도 신경 썼다. 스위치는 중국의 CCC인증을 받았다. 지나치게 높은 열이 발생하면 스위치 회로가 끊어지도록 설계되었다. 스위치 회로만 끊어지므로 꽂혀 있는 다른 가전제품의 안전에는 영향을 주지 않는다. 100퍼센트

안전을 보장할 순 없겠지만 여기 꽂아 둔 것들이 다 타버리지 않을까 벌벌 떨면서 써야 할 정도는 아니다. 요약하면 이렇다. 실용적이고 예쁘고 안전하고 싸다. 사지 않을 이유를 찾기 힘들다.

샤오미는 스스로를 하드웨어 회사라고 규정하지 않는다. 샤오미 회장 레이쥔은 소프트웨어 엔지니어 출신이다. 부사장 우고 바라도 2014년 인터뷰에서 "우리는 하드웨어 회사라기보다는 인터넷과 소프트웨어 회사 쪽에 훨씬 더 가깝다."고 말했다. 체중계와 미밴드와 핸드폰 배터리와 멀티탭과 TV와 스마트폰 같은 걸 만들어 놓고 소프트웨어 회사라.

사실이 그렇다. 샤오미가 참고하는 건 애플의 디자인만이 아니다. 애플은 애플 워치-아이폰-아이패드-맥북-아이맥으로 이어지는 디지털 생태계를 만들었다. 애플을 하나 사고 나면 자연스럽게 다른 애플 제품들을 사게 된다. 애플의 하드웨어가 좋아서인 동시에 애플의 각 제품이 사용자의 생활에 바짝 달라붙기 때문이다. 아이폰을 쓰면 맥북 프로에서도 아이메시지를 보낼 수 있고 맥북으로 작업하던 문서를 아이패드에서 이어받아 마무리할 수 있다. 싱가포르의 대형 쇼핑몰과 비슷하다. 쾌적한 시설 안에 웬만한 게 다 있다. 바깥 세상에 더 많은 게 있긴 하다. 하지만 거긴 덥고 습하고 지저분하고 익숙하지 않다. 쇼핑몰을 나갈 이유가 없다. 애플도 그렇다. 그리고 샤오미도 그러려 한다.

생태계를 만들고 그 안에서 사람들이 살게 하는 거야말로 변치 않는 성공의 열쇠다. 생태계라는 말에는 거창한 느낌이 들지만 뭔가가 그 안에서 다 된다면 그게 생태계다. 브룩스 브라더스엔 속옷부터 보트 슈즈에 이르는 미국 백인풍 남자 옷이 다 있다. 당신이 그 옷차림에 동의한다면 평생 옷을 살 때는 브룩스 브라더스에만 가면 된다. 의생활 생태계다. CJ 원카드를 만들면 영화를 보든 화장품을 사든 적립금이 쌓인다. 이것도 유통 생태계라고 볼 수 있다. 무인양품 역시 모든 물건을 무인양품화시킨 일종의 이미지 생태계다.

테크 회사도 각자의 생태계를 만들고 있다. 이제 미국의 테크 거물들은 하드웨어와 소프트웨어를 함께 최적화시키고 서로를 연동시켜서 생태계를 만든다. 애플은 그걸 가장 극적으로 성공시킨 회사고, 이제 다른 곳도 한다. 마이크로소프트는 서피스를 냈고 아마존은 에코를 냈다. 이들의 바람대로 된다면 아마존과 마이크로소프트의 제안 안에서 디지털 라이프스타일이 완성될 것이다.

샤오미의 물건은 가격과 디자인과 합리성으로 스며든다. 사람들은 하나 샀다가 좋으니까 멀티탭 다음 배터리를 사고 체중계를 샀다가 미밴드를 산다. 싼 게 좋으면 더 비싼 것도 괜찮을 거라는 믿음이 생긴다. 샤오미의 2륜 전기 스쿠터와 TV는 몇 해 전만 해도 미친 것처럼 보였겠지만 이젠 멋져 보인다. 거기 더해 요즘은 모든 물건에 인터넷을 연결시키는 IoT의 시대다. 공급자 입장에서 IoT의 핵심은 사용자 패턴의 축적과 파악이다. 제품을 파는 동시에 사용자 데이터를 모으면서 신제품 개발에 더 유리한 자료를 확보한다. 회사에게도 소비자에게도 선순환이다. 소비자가 이걸 좋아하기만 한다면.

이제 사람들은 샤오미를 좋아하기도 한다. 중국의 미펀(샤오미 팬)까지 멜 것도 없다. 한국에서도 샤오미가 냈다 하면 다 사는 사람들을 몇 명이나 봤다. 팬이 있는 멋진 물건은 아이콘이다. 중국에서 49위안, 한국에서도 1만 원이 조금 넘는 이 멀티탭을 사면 샤오미라는 회사가 만들어 둔 생태계로 들어갈 확률이 높아진다. 샤오미 멀티탭은 자사의 전자 제품에 전력을 제공하는 약수터인 동시에 21세기의 아이콘이 만들어 둔 세계로 들어가는 입장권일지도 모른다.

21세기의 아이콘을 찍어 내는 회사가 중국의 샤오미라는 건 여러 모로 상징적이다. 머리를 감지 않은 사람들이 시끄럽게 구는 나라처럼 보일지 몰라도 중국은 역사라는 게 쓰인 이후 늘 주인공이었다. 샤오미만 봐도 중국이 촌스럽고 목소리 큰 나라로 머물 확률은 무척 낮을 것 같다. 인터넷에선 훌륭한 중국산에 '대륙의 실수'라는 표현을 쓰지만 글쎄, 이게 대륙의 본질 아닐까. 대영제국의 엘리트 버트런드 러셀은 대영제국의 전성기에 중국에 다녀와서 자서전에 이렇게 썼다. "나는 그때까지도 개화된 중국인이야말로 세계에서 가장 세련된 사람이라는 사실을 알지 못했던 것이다."

기계가 주는 기분

발뮤다(Balmuda) 토스터가
만들어 내는 오묘한 순간

혁신이라는 단어에서 왠지 떠오르는 이미지가 있다. 생명 연장. 화성 진출. 만능 기계. 첨단 기술이 삶을 극적으로 향상시켜 줄 거라는 종교적인 믿음. 기술 덕분에 우리는 행복해진다는 상상. 민주주의나 자연환경 등 숭고한 것들이 지켜지는 세상. 그게 뭐든 굉장히 거창하다.

정말 혁신적인 기술이 사람들을 더 행복하게 만들어 줄까? 달리 생각하면 딱히 그렇지도 않다. 길어진 평균수명은 노동생산성이 떨어지는 노년이 길어졌음을 의미한다. 항공 기술과 정보기술로 발달한 초연결사회는 초양극화를 불러온다. 게다가 우리의 본능은 여전히 변하지 않았다. 잠을 안 자면 졸리고 밥을 안 먹으면 배고프다. 먼지와 추위에 약해서 겨울이 되면 다른 동물의 털을 덮어쓰고 마스크를 써야 한다.

생명 연장이나 화성 진출 같은 거시적 혁신은 확실한 문명의 진보다. 사람들을 열광시키는 대승적 발전이다. 내가 인류의 일원이라는 사실이 기뻐질 정도다. 다만 우리의 생활에 바짝 붙어서 일상의 결을 바꿔 주는 미시적 혁신 역시 혁신이다. 생활가전의 명가 LG전자가 누군가에게는 테슬라보다 훨씬 중요하다. 싱가포르 전 총리 리콴유 역시 20세기 최고의 발명품으로 에어컨을 꼽았다.

그래서 나는 테슬라가 아니라 발뮤다 토스터를 이 시대의 아이콘이라 주장하려 한다. 발뮤다는 동양의 다이슨이라 불러도 될 정도로 생활가전 업계에서 주목할 만한 발전을 이뤘다. 다이슨과 발뮤다에게는 확실한 공통점이 있다. 혁신의 여지가 없어 보이는 생활가전계에서 혁신의 실마리를 찾아냈다는 점.

생활가전 영역은 기존의 대형 가전 업체들이 완성시킨 시장으로 간주된다. 기술보다는 애프터서비스가, 브랜드 이미지보다는 유통이, 디자인보다 가격 경쟁력이 더 중요하다. 여기서 소형 신규 진입자가 들어갈 수 있는 방법은 단가를 낮춘 저가형 제품밖에 없었다. 마트 전자제품 코너 맨 끝의 저렴한 비 브랜드 제품이 이에 해당한다.

발뮤다는 반대의 길을 갔다. 방법론이 다이슨과 비슷했다. 새로운 기술을 연구해 집어넣는다. 디자인의 수준과 표면처리 방법 등 겉으로 보이는 미적 요소도 향상시킨다. 그만큼 가격도 올린다. 가격경쟁력과 유통망으로 승부하던 세계에서 다른 카테고리의 물건을 내세운다.

결과는 대성공이다. 발뮤다 '더 토스터'는 보통 토스터보다 몇 배나 비싼 30만 원 이상의 가격대에도 아랑곳없이 잘 팔린다. 물론 가격이 비싼 만큼 업계 1위라고는 할 수 없다. 하지만 시장의 소수자가 공룡처럼 거대한 시장의 경쟁자들 사이에서 자기의 색을 냈다. 판매수치나 영업이익 등의 딱딱한 이야기를 늘어놓지 않아도 성공이라 부르기 충분하다.

발뮤다 더 토스터에는 성공 주변에 으레 있는 탄생설화가 있다. 이들의 설화는 캠핑장에서 시작했다. 2014년 5월 발뮤다는 회사 근처 공원에서 바비큐 파티를 열었다. 비가 왔는데도 천막을 치고 진행했다고 한다. 직원들이 별로 안 좋아했을 것 같지만 모두를 만족시키기는 어려운 법이다. 아무튼 토스터를 개발하던 때라 누군가 "숯불에 빵을 구워 보자"고 제안했다. 오, 맛있었다. 사장님은 숯불 때문에 맛있었나 싶어서 회사로 돌아와 숯불에 빵을 구워 봤다. 하지만 아무리 구워도 그때의 그 맛이 나지 않았다. 그때 누군가 말했다. "바비큐 파티를 한 날엔 비가 왔어요."

발뮤다 더 토스터의 첫 번째 마법은 물이다. 알다시피 보통 토스터는 빵의 양쪽 면을 똑같이 가열한다. 빵 안에 들어 있는 물이 마를 수밖에 없다. 그래서 토스터에 바짝 익힌 식빵은 선도와 상관없이 낙엽처럼 마른다. 이 문제를 해결할 수만 있다면, 즉 빵을 굽되 빵 속의 물기를 말려 버리지 않을 수 있다면 맛있는 토스트를 만들 수 있다.

발뮤다의 테라오 겐 사장은 그 깨달음 이후로 도쿄 시내의 빵집 주방을 찾아갔다. 거기서 빵 굽는 기계의 스팀 조절 기능을 확인했다고 한다. 바비큐 파티→숯→물→빵집 주방이라니 처음부터 빵집으로 가시면 어떠셨을까 싶기도 하지만 세상엔 지나고 나야 아 이랬구나 싶은 것들이 있게 마련이다.

발뮤다 더 토스터 안에는 5cc 용량의 작은 컵이 들어 있다. 이 컵에 물을 담아 흡입구에 넣으면 본체 안이 수증기로 꽉 찬다. 물은 공기보다 빨리 가열되기 때문에 빵의 표면이

살짝 익는다. 그 덕분에 빵 속에 남아 있는 수분과 기름기가 빠져나가지 않는다. 그래서 발뮤다 더 토스터에는 보통 토스터와 달리 문 앞에 히터가 하나 더 있다. 증기를 만드는 데 쓰는 보일러 히터다.

발뮤다의 두 번째 비결은 온도조절 기술이다. 사실 이건 첨단기술이라기보다는 실험을 통해 축적된 데이터로 뽑아낸 프로그래밍이다. 요리를 해 본 사람이라면 알 텐데 시간의 흐름에 따라 요리 온도를 바꿔 줘야 할 때가 있다. 발뮤다에는 그 프로그래밍이 내장되어 있다. 예를 들어 처음에는 빵의 풍미를 되살리는 60도까지 온도를 올린다. 다음에는 표면이 노랗게 그을릴 정도의 160도까지, 마지막에는 살짝 탄 자국이 보이는 220도까지 온도가 올라간다. 이 물건을 소개한 기사에서 보이는 '5000장의 토스터를 구웠다'는 건 이 최적의 프로그래밍을 위한 노력의 결과다.

이런 식의 단순 반복을 통한 결과 산출이 정말 중요하다. 보일러 히터를 별도로 집어넣은 건 분명 혁신적인 발상이지만 혁신의 밑단일 뿐이다. 진짜 맛있는 빵이라는 결과물을 만들려면 온도 조절이라는 변인을 계속 바꿔 가면서 실험에 의한 데이터를 구축할 수밖에 없다. 디자인 등 눈에 보이는 것만 좇다 보면 진짜 경쟁력을 잊는다. 리모와를 쓰다 보면 정말 좋은 건 요철 알루미늄 케이스가 아니라 안에 들어 있는 수납의 인터페이스와 부드러운 바퀴라는 걸 깨닫게 된다. 발뮤다 더 토스터에는 토스트, 치즈 토스트, 프랑스 빵,

크루아상이라는 4가지 빵 굽기 모드가 있다. 이만큼의 데이터를 얻기 위해서라면 몇 천 장의 빵을 구웠다는 이야기도 과장이 아닐 것 같다.

기술이 담긴 그릇이라 할 만한 디자인 역시 훌륭하다. 발뮤다 더 토스터의 디자인 기반은 지브리의 애니메이션 <마녀 배달부 키키>다. '청어 파이를 만들어서 손자에게 전해 주는 할머니 집에 있는 문 달린 장작 화덕'이 '맛있는 음식이 나오는 장소'로 어울리지 않을까 싶었다고 한다. 깊은 고민 끝에 나온 특징적인 디자인이다. 쓸데없어 보일 정도로 자세하다는 점 역시 일본스럽다. 동시에 이 모호한 발상 안에 발뮤다의 근본이 있다.

맛있는 음식이 나오는 장소. 나는 이게 발뮤다가 기술을 익히고 빵을 익히는 데이터를 쌓고 애니메이션을 참고해 디자인을 뽑아낸 물건을 만든 근본적인 이유라고 생각한다. 과학과 기술의 발달과는 별개로 우리는 여전히 배가 고프면 기분이 상하고 맛있는 걸 먹으면 기분이 좋아진다. 수명이 길어지는 것도 맛있는 걸 더 많이 먹고 싶어서, 화성에 가는 것도 더 많은 사람이 공평하게 맛있는 걸 먹게 하기 위해서일지도 모른다. 그렇다면 발뮤다 더 토스터 역시 어느 정도는 사람들의 더 나은 생활에 기여했다고 볼 수 있지 않을까.

테라오 겐은 1991년 고등학교를 그만두고 지중해 연안을 도는 방랑 여행을 떠난 적이 있다. 열일곱 살 때. 헤밍웨이가 좋아서 투우 마을인 안달루시아의 론다에 갔다. 말라가에서 버스 터미널을 찾아 4~5시간 동안 산길을 오르는 버스를 타고 버스에서 1시간쯤 걸어 론다 시내로 내려갔다. 지쳤고, 몹시 배가 고팠고, 외로웠다고 한다. 무턱대고 스페인어도 모르는 채 스페인에 온 상황, 그때 마을 한 구석에서 좋은 냄새가 풍겼다. 갓 구운 빵 냄새. "몇 페세타?"라는 말도 못 해서 겨우겨우 작은 시골 빵을 받아서 먹은 순간. 그는 그때 우르르 눈물이 났다고 한다. 기대, 불안, 피로, 긴장이 눈물과 함께 나왔다고.

거기서 그는 깨닫는다. 음식을 몸에 넣으면 힘이 나온다. 식사의 기쁨처럼 당연한 사실을 극적으로 느끼면 한 사람의 삶이 크게 바뀔 수도 있다. 평범한 식사를 할 때마다 그때의 마음이 살아날 수 있을 테니까. 테라오 겐도 그랬던 모양이다. 24년이 지난 2015년 도쿄에서 토스터 프레젠테이션을 하면서 그 연설을 한 걸 보면.

"아침 빵이 맛있으면 아침이 즐거워진다." 그는 이 프레젠테이션의 말미에 이렇게 말했다고 한다. "아침이 무척 즐거우면 그렇지 않은 날에 비해 몹시 좋은 날이 된다. 전하고 싶은 건 좋은 하루의 기점이다." 진심이든 판촉용 멘트든, 이런 식의 생각을 품고 기계를 만드는 건 꽤 멋있는 일이라고 생각한다.

"우아하게 살아남기 위해서는
싸우거나 도망가야 한다"

"살아남기 위해 시계를 만들기 시작했습니다." 벽에 붙은 옛날 지도 앞에서 남자가 말했다. 이 말을 해 주는 남자는 멀리서 온 손님을 맞이한 것처럼 셔츠 위에 재킷을 입고 있었다. 왠지 오랜만에 손님을 맞은 시골 사람 같은 느낌이 났다. 하지만 이 사람은 세계에서 가장 사치스러운 기계를 만드는 회사 소속이었다. 여기는 스위스의 산간지역 비엔 인근, 오메가(Omega)의 공장이었다.

그가 말을 이었다. "이 동네에 살던 옛날 스위스 사람들은 겨울엔 할 일이 없었어요. 여름처럼 농사일을 할 수 없으니까요. 그들은 살아남기 위해 치즈를 만들거나 시계의 부품을 깎았습니다. 어떤 집은 톱니바퀴를, 어떤 집은 바늘을. 그 모든 부품을 한 집에서 모아서 조립했어요. 그게 스위스 시계의 시작입니다." 그는 자신의 과거를 자랑스러워하는 것 같았다.

그가 자랑스러워 할 수 있는 이유는 따로 있었다. 몇 백 년 전에 비하면 지금 스위스 시계는 엄청나게 성공했다. 가장 확실하면서도 황당한 증거는 이들의 새로운 공장이다. 요즘 스위스 고급 시계 업계는 유명 건축가에게 공장 건축을 맡긴다. 바쉐론 콘스탄틴은 스위스의 베르나르 추미가, 브라이틀링은 알랭 포르타가 설계했다. 심지어 오메가는 2014년 프리츠커 상을 받은 반 시게루에게 공장 건축을 맡겼다. 살아남기 위해 시작한 일이 아주 우아한 비즈니스로 자리잡았다.

살아남는 것과 우아한 것, 만드는 것과 알리는 것, 보수적인 것과 대담한 것, 도망가는 것과 자기 자리를 지키는 것, 스위스 시계 업계는 스위스라는 특이한 나라가 만들어 낸 아주 특이한 물건이다. 엄밀히 말해 기계식 시계 안에 들어 있는 기술은 본질적으로는 용도폐기되어도 상관 없는 구식 기술이다. 하지만 스위스인들은 그들만 가지고 있는 재능으로 전 세계의 시계 애호가를 여전히 끌어들이고 있다.

살아남기 위해 시계를 만들기 시작했다던 오메가의 말은 허풍이 아니다. 초기의 스위스 시계공들은 난민이었다. 1550년 이후 프랑스 전역에서 종교 박해가 일어났다. 그때의 시계공은 신교도가 대부분이었기 때문에 고향을 떠나야 했다. 그렇게 프랑스 곳곳에 있던 시계공들이 전 유럽으로 이동하기 시작했다. 이들은 서서히 프랑스어를 쓰는 스위스로 모여들었다. 점점 산속으로 들어가서 살며 시계를 만들기 시작했다. 이 신교도들이 초기 스위스 시계의 부흥을 이끌었다.

도시마다 시계공이 있어야 했던 이유 역시 교회 때문이었다. 5세기 전에는 정확한 시간을 알려 주는 게 기술과 권력의 상징이었다. 교회에는 큰 시계탑이 있었다. 이 시계 기술이 점차 소형화된 게 지금의 시계다. 실제로 시계의 톱니바퀴가 맞물려 돌아가며 원판 위에서 시계를 보여주는 기술의 원리는 벽시계와 손목시계가 동일하다. 크기가 작아지고 시계추가 진동하는 방식이 변했을 뿐이다.

마침 세계는 시간 계측 기술을 필요로 하고 있었다. 교회

권력뿐 아니라 국가권력도 시계를 필요로 했다. 제국을 경영하려면 시계가 꼭 필요했다. 특히 바다에서. 항해의 기본은 내가 어디에 있는지 정확하게 파악하는 능력이다. 정확한 해도와 더불어 정확한 시간을 알아야 그에 입각해 지도를 읽어 나의 위치를 파악할 수 있다. 내 위치를 알아야 항해를 할 수 있다. 시계는 지금의 GPS처럼 중요한 기계였다. 초기 시계에 '마린 크로노미터(marine chronometer)' 같은 말이 쓰인 데에는 이런 이유가 있다.

값비싼 기술이 쓰이는 곳은 예나 지금이나 둘이다. 첨단산업, 그리고 최고급 사치품업. 제국의 남자들이 시계로 세계를 경영하는 동안 제국의 여자들은 시계라는 최신형 액세서리를 개발하고 있었다. 역사상 최초의 손목시계는 여성용 시계였다. 1868년 파텍 필립이 헝가리의 코스코비츠 백작부인에게 금으로 만든 손목시계를 팔았다는 기록이 남아 있다. 이때의 시계는 보석 팔찌처럼 생겨서 아예 시간을 표시하는 장치까지 보석으로 가려 두었다. 이때의 손목시계는 남자가 차는 물건이 아니었다. 남자들은 지금도 남아 있는 조끼의 '워치 포켓'에서 회중시계를 꺼내 시간을 확인했다. 지금 우리가 바지 주머니에서 스마트폰을 꺼내 시계를 보는 것처럼.

　남성용 손목시계가 보급된 계기는 슬프게도 전쟁이었다. 1차 세계대전은 남자가 시계를 손목에 찬다는 가능성을 찾

"안전을 위해 우리는 낮과 밤의 정확한
시간을 알아야 합니다." 1차 세계대전 중의
오메가 손목시계 광고.

아낸 시기이기도 했다. 손목시계는 군사작전에 필요했다. 예를 들어 보병부대가 똑같은 시간에 같은 리듬으로 움직이기 위해서는 모두가 서로의 시간을 동기화시켜야 했다. 동기화를 하려면 모두 시간을 알아야 했다. 그 급한 시간에 조끼 주머니에서 시계를 빼서 시간을 볼 수는 없었다. 이 과정을 거쳐 '남자가 손목에 시계를 찬다'는 새로운 복식 규범이 생겨나기 시작했다. 오늘날 남성복의 실루엣과 디테일이 대부분 군복에서 온 것처럼 오늘날 남성용 손목시계의 여러 요소도 대부분 그때의 군용 시계에서 왔다.

어떤 사람들은 세상이 변할 때 늘 기회를 찾아낸다. 제1차 세계대전 동안 유럽 사회의 중심을 차지하던 남자 엘리트가 대거 전사하며 여성과 장애인의 인권이라는 새로운 권리가 태어났다. 이때 생겨난 어떤 신생 시계 회사는 앞으로 사람들이 손목에 시계를 찬다면 방수 기능이 중요해질 거라는 사실을 예견했다. 그는 방수 손목 시계를 만든 후 물이 새지 않는다는 걸 강조하기 위해 시계 케이스에 굴이라는 이름을 붙였다. 그 시계의 성능을 보여주기 위해 도버 해협을 수영으로 건넌다는 어느 여자에게 자신의 시계를 채워서 헤엄치게 했다. 자연스럽게 이 사실이 언론에 보도되었다. 지금과 크게 다르지 않을 정도로 세련된 마케팅 캠페인을 진행한 이 회사의 이름은 롤렉스(Rolex)였다. 여기서 '오이스터 퍼페추얼(Oyster Perpetual)'이라는 이름이 왔다.

두 번의 세계대전은 스위스 시계 업계 입장에서는 초대형 호황이었다. 일본이 한국전쟁에서 돈을 벌고 한국이 베트남 전쟁에서 돈을 벌었던 것처럼 스위스는 1, 2차 세계대전을 거치며 온갖 곳에 시계를 신나게 팔아치웠다. 오메가는 영국군 시계의 약 50퍼센트를 납품했다. 브라이틀링 창립자의 증손자 윌리 브라이틀링은 신분을 숨기거나 목숨을 걸고 외교 행낭 같은 곳에 숨겨서 연합군에 시계를 팔기도 했다. IWC는 이때 영국 공군에게 시계를 납품했다는 과거를 아직도 마케팅 수단으로 활용해 파일럿 시계 라인업 '마크' 시리즈를 만들고 있다. 이때의 호황 덕에 스위스는 1970년대 세계 시계시장의 약 50퍼센트를 차지했다.

운명은 묘한 것이다. 영국은 2차 세계대전에서 이기기 위해 나라의 재정을 쏟아부었다. 덕분에 전쟁에선 이겼지만 2차 대전 이후의 영국은 <슬램덩크>에서 산왕공고를 겨우 이긴 북산고처럼 경제적으로 가라앉고 말았다. 2차 세계대전 동안 시계를 수출해서 연합군의 승리에 공헌했다고 볼 수 있는 스위스 역시 2차 세계대전의 또다른 추축국 일본에게 완전히 당했다. 쿼츠(quartz) 파동 때문이었다. 일본의 세이코가 1969년 쿼츠 손목시계를 발표하자 시계업계는 다시는 예전으로 돌아갈 수 없게 됐다. 쿼츠는 더 정확하고 더 저렴했다. 시간 계측 성능에서 스위스의 기계식 시계는 도저히 일본의 쿼츠를 당할 수 없었다.

스위스 시계는 눈사태처럼 무너져내렸다. 이때는 롤렉스

도 쿼츠를 만들고 오메가는 디지털 시계를 만들었다. 역부족이었다. 1970년부터 1988년까지 스위스 시계 업계의 노동자는 9만 명에서 2만 8천 명으로 줄었다. 1,600개이던 브랜드 역시 700개로 줄어들었다. 크고 작은 명가가 모두 문을 닫았다. 기계의 시대가 끝나고 전기의 시대가 온다는 신호였다. 엔진 대신 모터가, 종이 인쇄물 대신 디지털 정보가 세상을 덮을 거라는 전조였다. 스위스는 훗날 '쿼츠 크라이시스'라고 불린 이 위기를 더없이 유럽적인 방법으로 돌파했다. 그 방법의 이름은 이미지 마케팅이었다.

스위스인은 자기가 뭘 잘하는지 너무 잘 안다. 일본은 스위스를 기술로 누를 수는 있어도 스위스가 그동안 쌓아 온 이미지를 단번에 날려버릴 수는 없었다. 위기에 빠진 스위스는 1983년 새로운 브랜드를 만들었다. 이 브랜드를 만든 사람들 자체는 옛 시대의 영웅들이었다. 스위스 은행과 정부에 있던 사람들, 기존 시계 업계의 거물들. 그런데 이들은 자기들이 전에 잘하던 걸 다 버렸다. 비싼 시계, 기계식 시계, 고가 사치품. 대신 이들은 그 이미지만 얇게 떠서 플라스틱 케이스와 고무 밴드로 만든 쿼츠 시계 위에 초밥처럼 올렸다. 거기에 '두 번째 시계(Second Watch)'라는 이름을 붙였다. 스와치(Swatch)였다.

이들이 전통을 버리고 원했던 건 하나뿐이었다. 옛 영광. 아직도 판매되는 스와치 첫 시계의 이름에 스위스인들의 간

절함이 배어난다. '한번 더(Once Again)'. 자신들이 잘하던 걸 다 내려놓고 싸구려 시계나 판다는 건 사실 꽤 큰 도박이다. 스위스는 그 도박판에서 성공했다. 스와치는 출시 2년 만에 250만 개가 팔렸다.

"집 지하에 있는 방공호에 가 볼래?" 시계 박람회를 취재하러 스위스 바젤에 다섯 번째 출장을 갔을 때 폴란드에서 이주했다는 에어비앤비 주인 막심이 말했다. 소문대로 아파트 지하에 아주 두꺼운 철문이 있었다. 그는 관광 가이드처럼 말했다. "전쟁이 나면 스위스로 진입하는 모든 도로와 교량을 폭파시켜. 사람들은 지하에 있는 방공호로 들어가지. 거기서 계속 버티는 거야." 이렇게 진지한 방공 시설 바깥 풍경은 목장처럼 평화로웠다. 평화로울 때 전쟁을 준비하는 것이야말로 스위스 스타일이라는 것을 증명하는 듯했다.

쿼츠 파동에서 벗어난 스위스 시계 업계가 정확히 이런 일을 했다. 그 중심에 니콜라스 조지 하이에크가 있었다. 그는 스와치를 수백만 개 팔며 현금을 확보하자 죽거나 죽기 일보 직전이었던 스위스 시계 브랜드를 살려내기 시작했다. 5만 원 대의 스와치부터 가장 싼 시계가 2천만 원에 가까운 브레게까지를 모아 강력한 수직계열 그룹사를 만들었다. 이게 스와치그룹이다. 지금 세계에서 가장 큰 시계 제조사다.

"스위스 시계 업계의 전통을 잇기 위해 치즈를 만듭니다."

2017년 10월 제니스(Zenith)의 신제품 발표회를 위해 한국을 찾은 장 클로드 비버가 조선호텔에서 말했다. 이제 스위스인이 한층 여유를 찾았다는 증거이자 이들이 아무것도 잊지 않았다는 증거이기도 했다. 그는 말을 이었다. "스위스 시계를 처음 만든 사람들은 농부였어요. 시계를 만들지 않을 때 그 농부들은 치즈를 만들었습니다. 내 치즈는 그때 그대로의 방식으로 만들어요. 기계도 전기도 쓰지 않아요. 나무와 모닥불로만 만듭니다. 이렇게 만든 치즈는 못 팝니다. 팔려고 가격을 매기면 너무 비싸져요. 물건이 너무 비싸지면 생길 수 있는 경우의 수는 둘뿐입니다. 안 팔리거나, 안 만들거나. 나는 (만들되) 안 팔기로 했습니다."

장 클로드 비버는 지금 스위스 시계 산업을 대표한다. 그는 비틀즈를 좋아하는 히피인 채로 로잔 대학교를 졸업하고 시계 업계에 투신하는 바람에 망해 가는 스위스 시계 산업을 눈으로 지켜봤다. 그는 1735년 만들어졌다가 쿼츠 파동 때문에 망해 버린 어느 시계 브랜드를 한국의 월세 보증금 수준인 2만 2천 프랑에 샀다. 어차피 아무것도 못했을 브랜드에 '우리는 쿼츠 시계 절대 안 만든다'는 역발상을 집어넣었다. 덕분에 그 브랜드는 최고급 시계 브랜드로 다시 태어났다. 스와치그룹은 6천 만 스위스 프랑을 주고 장 클로드 비버에게서 이 브랜드를 인수했다. 그 브랜드의 이름은 블랑팡(Blancpain)이었다.

전통을 사랑하는 마케팅 천재 비버는 여기서 멈추지 않

았다. 그는 스위스 시계의 특징적인 디자인 요소를 추출하고 극대화시켜 어느 브랜드를 만들었다. 점잖으면서도 원론적인 시계 애호가들이 보기엔 눈살을 찌푸릴 만한 시계였다. 그 시계를 마케팅으로 성공시킨 어느 날 F1 창립자 버니 에클레스턴이 그 시계를 차고 가다가 얻어맞은 후 시계를 뺏겼다. 비버는 엉망이 된 에클레스턴의 얼굴 사진을 찍었다. 그 위에 '사람들이 위블로(HUBLOT)를 가지려고 이런 짓을 했다'는 카피를 얹은 광고 이미지를 만들어 전 세계로 뿌렸다. 위블로를 갖기 위해 강도질을 했다는 사실까지 마케팅의 일부로 활용한 것이었다. 비버는 이런 일마저도 이슈로 만드는 데 재주가 있었다. 위블로는 LVMH 그룹에 팔렸다. 비버는 지금 태그호이어(TAG Heuer)의 대표 겸 LVMH 시계 부문 대표다.

비버의 치즈와 달리 그가 지금 이끄는 태그호이어 시계는 최첨단 시설에서 만들어진다. 반도체공장 수준의 집진시설과 최신형 CNC머신이 지금의 '메이드 인 스위스' 시계를 만든다. 태그호이어는 최신형 폭스바겐처럼 시계 제작에 모듈 개념을 도입하는 건 물론 지금은 구글과 함께 스마트워치까지 만들고 있다. 이런 이야기를 들여다볼수록 조금 허탈해지기도 한다. 비싼 고급 시계를 왜 사야 하는 걸까? 우리는 시계를 왜 갖고 싶은 걸까?

"나는 우리가 감성을 창조한다고 믿습니다." 2017년 여름 도쿄에서 만난 로저 드뷔(Roger Dubuis)의 CEO 장 마크 폰

트로이에게 답을 들었다. "우리는 로저 드뷔 시계와 함께 사랑과 선물에 대한 이야기를 만들었습니다. 사랑과 선물은 절대 없어지지 않아요. 사람은 위기가 와도, 비를 맞아도 사랑을 합니다." 바로 이거다. 모든 인간은 성공을 원한다. 성공한 인간 중 어떤 인간은 기념비를 원한다. 어떤 인간은 성공하지 않았다 해도 성공한 것처럼 보이기 위해 기념비를 원할 수도 있다. 뭐든 상관없다. 세상엔 비싼 기념비적 물건이 필요하다. 전 지구적으로 알려졌으면서도 크기가 작아서 휴대하기 쉬운 기념비가 필요하다. 그게 지금의 스위스 시계다.

"내가 자란 마을에서는 열네 살이 되면 대부에게 시계를 선물받는 게 전통이었습니다." 아스널 FC 감독 아르센 벵거는 <레퀴프>와의 인터뷰에서 인상적인 말을 한 적이 있다. "아주 정중한 전통이자, 내가 어른이 된다는 징표이기도 했어요. 사람들이 시계를 차고 있는 걸 보면서 어른이 된 나를 상상하곤 했습니다." 유럽은 시계를 통해 스스로의 문화를 이어간다. 시계는 문화를 잇는 팔찌 역할을 한다. 그 팔찌에 시간을 알려 주는 기능이 있을 뿐이다. 아르센 벵거의 마지막 말이야말로 남자가 시계를 갖고 싶어하는 이유가 될 것 같다. "내게 하나뿐인 보석이에요."

2장. 전통적 브랜드의 경우

세계에서 가장
아슬아슬한 줄타기

롤렉스(Rolex)와
오메가(Omega)

"총을 쏘면 사람이 놀라겠죠." 내 앞에 서 있던 남자는 오른손을 들고 발을 굴렀다. 총을 쏴서 사람이 놀랐을 때의 움직임으로 운동선수의 스타트 시점을 잰다고 했다. 우리는 옛날 기계 앞에서 이야기를 나누고 있었다. 상자 한 면을 비스듬하게 자른 모양이었다. 그 비스듬한 면 위로 80년쯤 된 초시계들이 놓여 있었다. 스위스 비엔에 있는 오메가 박물관이었다.

비엔은 스위스의 유라산맥 권역에 있는 도시다. 독일어와 프랑스어를 함께 써서 도시의 공식 명칭은 비엘/비엔이다. 스위스에서 기차표를 살 때는 아예 '비엘비엔'이라고 부른다. 아름다운 호수가 있지만 인구는 5만 명 대에 불과하다. 여기에 고가 시계의 거물인 오메가의 본사가 있다. 차가 네 대만 나란히 늘어서도 교통체증이라고 생각하는 사람들이 사는 작은 도시에서 1년에 100여 만 개의 시계가 만들어져 전 세계에서 팔린다.

오메가는 이 작은 도시에 아낌없이 돈과 노력을 쓴다. 작년에는 프리츠커상을 수상한 건축가 반 시게루를 초빙해 대단한 최신 공장을 만들었다. 공장 중심에 거대한 부품 창고가 있고, 로봇이 자동으로 움직여서 각 층의 사람들에게 부품을 가져다주는 첨단 시설도 설치했다. 그 길 건너편에 오메가 박물관이 있었다. '첨단 시설이 있지만 우리는 여기서부터 왔다'고 말하려는 것처럼.

오메가 공장 근처에 거물의 공장이 하나 더 있다. 우리가 고급 시계를 생각할 때 떠오를 이름, 롤렉스 공장이 비엔에 자리한다. 롤렉스 시계 다이얼에 쓰인 '롤렉스 제네바'를 본 사람들은 의아할 수도 있겠다. 제네바에 있던 것 아니었어? 맞다. 롤렉스의 본사는 제네바에 있다. 디자인, 마케팅, 커뮤니케이션, 세일즈와 애프터서비스 등의 일을 한다. 시계의 엔진이라 할 만한 무브먼트를 롤렉스 비엔 공장에서 만든다. 시계는 귀금속과 정밀기계의 특징을 동시에 가지고 있는 희귀한 사치품이다. 정밀기계로서의 시계 부품이 비엔에서 만들어진다.

작은 도시에 각자의 공장을 열었지만 롤렉스와 오메가의 공장은 둘의 브랜드 이미지만큼이나 차이가 크다. 우선 공장 색깔부터 다르다. 롤렉스의 공장은 녹색과 검은색이 감도는 반투명 유리로 감싸두었다. 롤렉스의 로고를 제외하면 저기가 롤렉스 공장인지도 알기 힘들 것 같다. 반면 오메가 공장은 여기 한번 봐 달라고 하는 듯 새하얗다. 유리도 비닐하우스처럼 투명도가 무척 높다. 그 공장에 들어가보는 난이도에도 상당한 차이가 있다. 시계 담당 기자로 일할 때를 생각해 보면 오메가 공장에서 취재 안내를 받는 일은 불가능한 일이 아니었다. 반면 롤렉스 공장에 기자가 취재를 위해 들어가는 건 상당히 어렵다.

오메가와 롤렉스가 다른 건 이뿐만이 아니다. 둘은 서로 '쟤네 하는 건 하지 말자'는 약속이라도 했나 싶을 정도로 다른 길을 가고 있다. 브랜드의 이미지를 전개하는 방식부터 롤렉스의 비엔 공장.
밖에서는 안이 보이지 않는다.

© 박찬웅

오메가 비엔 공장 중앙에 위치한 무인 창고. 노란색 로봇이 서랍에 있는 부품을 꺼내 온다. 창고 안은 먼지를 바로 가라앉히기 위해 산소 농도가 낮고 기압이 조금 더 높다. 사람이 이 창고 안에 들어갈 일이 없다는 이야기이기도 하다. 2018년 1월.

각자가 후원하는 유명인의 이미지까지. 고급 시계라는 작은 영역 안에서 이렇게까지 다를 수 있구나 싶을 정도다. 이 둘이 운동경기와 연결된 모습을 비교하면 둘의 차이가 한층 두드러진다.

오메가는 올림픽의 공식 타임키퍼다. 1932년부터 지금까지 몇 번의 예외를 빼면(세이코나 스와치도 올림픽 공식 타임키퍼를 한 적이 있다) 올림픽은 거의 오메가의 잔치였다. 타임키핑은 스포츠 경기에서 시간과 관련된 각종 기록을 측정하고 집계하고 발표하는 일이다. TV나 경기장에서 보면 시간을 알려 주는 전광판 옆에 특정 시계의 로고가 붙어 있는 경우가 있다. 그게 공식 타임키퍼다. 현대의 타임키퍼는 마케팅 목적이 강하지만 옥외광고처럼 돈만 준다고 들어갈 수 있는 것도 아니다. 이쪽에도 나름의 엄정한 기술이 필요하며, 그 기술의 발전사도 있다. 그리고 타임키핑에서 오메가는 확실한 전통과 노하우를 가지고 있다. 오메가 박물관에서 내가 본 게 이들이 가진 타임키핑의 전통이었다.

인류의 기술 발달은 측정기술의 발달이기도 하다. 스포츠의 경과 시간 측정 방식 역시 엄청나게 진보했다. 약 100년 전에 운동선수의 기록을 어떻게 쟀을까? "다섯 명에게 재게 하고 평균값을 냈어요. 사람들이 실수할 수도 있고 시계가 틀릴 수도 있으니까요. 타임키핑이라고 볼 수가 없었죠." 아까 총 쏘기와 타임키핑을 설명하던 남자가 이어 말했다. 그의 이름은 다비드 율미, 오메가 박물관이 소장한 빈티지 오메가 시계를 고치고 잘 돌아가게 하는 게 그의 일이다. 그는 초기 타임키핑의 재미있는 역사를 들려주었다. "그 전의 타임키핑이 그 정도였으니까 오메가가 1932년 LA 올림픽에서 처음으로 올림픽 타임키퍼가 된 겁니다." 그때 시간을 재는 타임키퍼는 단 한 명, 스톱워치 30개가 장비의 전부였다. 사람 한 명이 계속 눌렀다.

1932년부터 지금까지는 약 90년의 시차가 있다. 그동안 오메가는 어떻게든 살아남아 자신의 전통을 지금의 시계 산업과 접붙이고 있다. 오메가 박물관과 율미 씨가 그 살아 있는 증거다. 동시에 오메가는 스스로의 타임키핑 기술도 90년 동안 계속 발전시켰다. 타임키핑 기술은 크게 둘로 나뉜다. 하나는 시간을 재는 기술이다. 각 선수의 가장 정확한 출발과 도착시간을 집계하는 것, 여러 명의 선수가 동시에 결승선에 도달할 경우 미세하게 누가 가장 먼저 도착하는지 판별하는 것. 다른 하나는 집계된 데이터를 중계하는 기술이다. 대규모 스포츠 이벤트는 변수가 아주 많은 생방송이다. 오메가는 이 모든 변수 사이에서 스스로의 기술을 꾸준히 발달시켰다.

그런데 기계식 시계의 목표와 타임키핑의 목표에는 필연적인 차이가 있다. 기계식 시계의 정확도는 한계가 명확하다. 타임키핑은 아주 정확한 시간 측정을 필요로 한다. 정확한 타임키핑을 하려면 기계식 시계 기술을 버릴 수밖에 없다. 그래서 오메가는 손목시계의 발전사와는 다른 방향의 기술을 키우기 시작했다. 이들은 더 정확한 타임키핑이라는 목표를 위해서 당시의 첨단 기술을 적극적으로 받아들였다. 그게 시계 기술이 아니라 해도.

오메가 박물관에는 오메가가 기계식 시계 기술에 입각한 시간 계측기술에서 벗어나기 시작한 때의 물건도 남아 있다. 율미는 그 기계 앞으로 나를 데려갔다. 가장 작은 기내용 가방 만한 검은색 기계가 삼각대 위에 고정되어 있었다. 포토 피니시였다. 원리는 간단하다. 결승선이 카메라와 이어져 있다. 육상 기록의 정의는 '가슴이 결승선을 통과하는 순간'이다. 1등 선수가 가슴으로 결승선을 치고 지나가면 결승선과 연결된 카메라 셔터가 눌려 사진이 찍힌다. 포토 피니시는 1948년 생모리츠 동계올림픽에서 처음 쓰기 시작했다. 이때부터 사진 판독이 가능해졌다는 의미였다. 다만 이때 기록이 남는 선수는 1등뿐이었다. 결승선을 가슴으로 치지 못하는 2등과 3등은 기록을 남기지도 못했다. 그러던 시대가 딱 70년 전이다.

그동안 올림픽과 오메가와 타임키핑 기술에게는 각자 일이 많았다. 올림픽은 상업과 인류애를 섞은 세계 최고의 스포츠 이벤트가 되었다. 타임키핑 기술은 여러모로 오메가와 기계식 시계를 벗어났다. 지금 타임키핑은 오메가가 속한 스와치그룹의 자회사 스위스 타이밍에서 진행한다. 스포츠 이벤트에 따라 이들이 입는 옷의 로고만 바뀐다. 올림픽에서 오메가 점퍼를 입고 육상경기의 시간을 재는 사람과 모토 GP에서 티쏘 티셔츠를 입고 바이크 랩 타임을 재는 사람이 똑같을 수도 있다. 시간 계측 기술은 첨단화되고, 시간 계측 기술에 특화된 기업은 스와치그룹 전체의 일을 맡아 한다. 21세기다.

그동안 롤렉스는 뭘 했을까? 가만히 있지는 않았지만 오메가 같은 길을 택하지도 않았다. 오메가가 올림픽처럼 전 세계인에게 다가가는 이벤트에서 로고를 비춘 것과 비교하면 롤렉스는 훨씬 더 주류 유럽인의 취향에 맞는 대회를 후원했다. 대표적인 예가 윔블던 테니스 대회다. 윔블던은 세계에서 가장 유명한 테니스 대회 중 하나지만 올림픽만큼 유명하지는 않다. 대신 올림픽보다는 값비싼 이미지가 있다. 롤렉스는 일관적으로 이런 스포츠와 함께 한다. 승마, 모터스포츠, 요트, 골프. 오메가에 비하면 보수적인 편이라고 볼 수도 있다.

　그렇다고 롤렉스가 오메가에 비해 보수적인 회사라고 볼 수도 없다. 롤렉스는 전 세계의 어느 회사보다 빨리 마케팅 이벤트를 진행한 회사 중 하나다. 이들은 자사의 방수 케이스인 오이스터 케이스를 홍보하기 위해 1920년대에 도버 해협을 헤엄쳐서 건넌 여성에게 롤렉스 시계를 채웠다. 이 용감한 여성이 해협 횡단에 성공했을 때 그녀의 손목에 있던 롤렉스도 그녀의 도전만큼이나 화제가 되었다. 물건이 사람

1953년의 에베레스트 등정에도 롤렉스가 함께했다.
롤렉스는 이런 사건의 일부가 되는 게 얼마나
중요한지 아주 잘 알고 있다.

들의 머릿속에 각인되는 최고의 방법은 예나 지금이나 같다. 극적인 이야기의 일부가 되는 것. 롤렉스는 100년 전에 이런 걸 미리 하고 있었다.

롤렉스는 그 이후에도 훌륭한 광고와 마케팅 기술로 고급 시계의 이미지를 만드는 데 열중했다. 세계에서 가장 빠른 여객기인 콩코드와 롤렉스의 이미지를 함께 붙여 광고 이미지를 만들었다. 잠수부와 자사의 전설적인 히트작 서브마리너를 붙인 광고 이미지도 물론 만들었다. 그에 비하면 오메가의 이미지 광고는 아무래도 앞뒤가 안 맞았다. 당장 쓰러질 듯한 표정으로 달리는 남자의 그림 옆으로 오메가의 첨단 시간 계측기기가 있다. 그 밑에 오메가의 손목시계 그림이 보인다. 롤렉스의 이미지 접붙이기에 비하면 아무래도 덜 세련되었다. 그런데 특유의 덜 세련된 방식으로 시계만 만드는 기질 덕분에 오메가는 놀라운 선물을 받게 된다.

극적인 이야기의 일부가 되는 게 최고의 마케팅 캠페인이라고 할 때 지난 세기 최고의 마케팅 에피소드는 역시 달 착륙이었다. 닐 암스트롱이 월면에 처음 발자국을 새기는 순간이야말로 20세기라는 드라마의 하이라이트였다. 닐 암스트롱을 따라 내려온 버즈 올드린의 팔목에는 시계 하나가 감겨 있었다. 오메가 스피드마스터였다. 나사는 달 착륙 프로그램의 휴대용 시계를 선정하려 4개의 크로노그래프 손목시계를 모아 혹독한 테스트를 거쳤다. 롤렉스 데이토나의

아폴로 11호의 월면 보행.
팔목에 오메가를 차고 있다.

유리가 깨져 나가고 바늘이 녹는 동안 스피드마스터는 멀쩡했다. 튼튼한 시계를 만들었을 뿐인데 오메가는 20세기 최고의 마케팅 이벤트에 함께할 수 있었다. 달 착륙 50주년을 앞둔 지금까지도 오메가는 변함없이 이때의 영광을 가져다 판촉용 에피소드로 쓰고 있다.

좋은 시계를 만드는 동시에 홍보에서도 앞서거니 뒷서거니 하던 두 회사가 직접적으로 마주친 곳도 있다. 007 제임스 본드의 손목 위다. 원작자 이안 플레밍이 적어 둔 007의 공식 시계는 롤렉스 서브마리너다. 그래서 숀 코너리 시절의 007은 롤렉스를 차고 나온다. <닥터 노>, <프롬 러시아 위드 러브>, <골드핑거>, <선더볼>을 비롯한 시리즈에서의 007은 롤렉스를 찼다.

롤렉스를 차고 활약하던 007은 베를린 장벽이 무너진 이후로 한가해질 수밖에 없었다. 냉전구도가 해체되고 20세기가 끝나가자 롤렉스를 차고 여자를 아무렇게나 바꾸던 구시대 스파이 영웅으로는 수지가 맞지 않았다. 007은 전략을 바꿨다. 원작의 악당을 불러내고 소련 대신 테러단체 등 새로운 위기를 만들어 냈다. 그리고 대니얼 크레이그라는 새로운 시대의 007 캐릭터를 찾아낸 후 그의 온몸을 광고 패널로 만들었다. 오메가는 이 틈을 놓치지 않고 스폰서 계약을 하며 007의 손목을 차지했다. 심지어 가장 최근작인 <스펙터>에 차고 나온 씨마스터 리미티드 에디션은 숀 코너리가 차던 빈티지 롤렉스 서브마리너와 닮기까지 했다.

롤렉스와 오메가는 시계를 만드는 방법론에서도 차이를 보인다. 대표적인 예가 헤어스프링의 소재다. 헤어스프링은 기계식 시계 안에 모기향 모양으로 감겨 있는 작은 스프링이다. 헤어스프링이 얼마나 균일하게 탄성을 유지해서 같은 속도로 진동하는지 여부는 기계식 시계의 정확성에 큰 역할을 미친다. 헤어스프링의 오랜 고민은 자성이었다. 헤어스프링 역시 금속이었으니 자석의 영향을 받으면 진동의 주기가 깨졌다. 지금의 기계식 시계는 자성에 자유로운 신소재를 만들어서 이를 극복했다. 롤렉스는 파라크롬이라는 합금을 만들었다. 오메가는 아예 실리콘을 썼다. 여기서도 둘의 세계관이 갈린다. 롤렉스 헤어스프링은 아무튼 금속이니 기계식 시계의 전통이 이어진다고 볼 수 있다. 오메가의 신형 실리콘 헤어스프링은 정통성이 조금 덜해 보이는 대신 아주 높은 자성에도 잘 견딘다. 서로 명분과 실리를 취한 셈이다.

명분과 실리. 롤렉스와 오메가의 방향성을 관통하는 단어이기도 하다. 롤렉스는 명분에서 오는 엄격한 고집이 있고 오메가는 실리에서 오는 유연함이 있다. 그 예가 시계의 백케이스다. 롤렉스는 아직도 무브먼트의 구조를 보여주는 시계를 만들지 않는다. 요즘은 값싼 기본형 무브먼트를 넣은 시계 브랜드도 케이스백을 유리로 만들어서 무브먼트를 보여준다. 반면 롤렉스는 '우린 그런 거 안 합니다'라는 태도로 여전히 케이스백이 막힌 시계를 만든다. 오메가는 그런 거 없다. 이것저것 다 만든다.

라인업도 마찬가지다. 롤렉스에 비하면 오메가는 라인업이 엄청나게 많다. 고급 브랜드가 이렇게까지 라인업을 산만하게 관리하면 어쩌나 싶을 정도다. 이런 요소에서도 롤렉스와 오메가의 방향성 차이가 드러난다. 롤렉스는 전반적으로 보수적인 자세로 덜 보여준다. 오메가는 상대적으로 개방적인 자세로 더 보여준다. 무브먼트의 뒷부분부터 새로연 공장까지.

이러니 저러니 해도 둘은 스위스 고급 시계라는 하나의 리그에 속해 있다. 그 안에서 오메가와 롤렉스는 생산량과 판매망 모두 타 브랜드를 압도하는 초대형 브랜드에 속한다. 당연히 같은 점이 더 많다. 비엔에 생산공장을 둔 건 그 공통점 중 일부일 뿐이지만 더 중요한 공통점이 있다. 둘은 제작 효율을 위해 공정별로 공장의 역할을 나눴다. 롤렉스는 제네바 본사와 플랑 르 외의 케이스 공장, 비엔의 무브먼트 공장, 제네바 셴 부르그의 다이얼 공장 등 총 4개의 공장을 두고 있다. 집진시설이나 공정의 차이를 생각하면 합리적인 공장 배분이다. 오메가 역시 생산공정을 나누고 비엔 안팎에 공장을 만들었다. 오메가와 롤렉스처럼 생산량이 많지 않은 대부분의 시계 브랜드는 하나의 공장에서 모든 일을 처리한다.

고급 시계는 환상을 만들어 뿌리고 그에 손님들이 소비로 화답해야 상업적으로 살아남을 수 있는 구조다. 동시에 아주 정밀하게 만들어져야 하는 기계이기도 하다. 환상과 상업과 공업과 영업에서 모두 틈을 보이지 말아야 한다. 그래서인지 롤렉스와 오메가는 둘 다 복잡한 기능을 가져서 고장률도 높아지는 시계는 만들지 않는다. 고급 시계로 넘어가면 으레 있는 기능인 애뉴얼 캘린더(연간 달력)나 퍼페추얼 캘린더(윤년까지 계산해 주는 달력) 같은 기능은 둘의 시계에서 찾을 수 없다. 소재의 한계를 신소재 개발로 극복한 것도 둘의 공통점이다. 파라크롬 헤어스프링과 실리콘 헤어스프링은 계통적으로는 다르다 해도 결국 기존 부품의 단점을 보완한 신소재라는 점에서 같다.

무엇보다 둘은 운명 공동체다. 기계식 시계를 둘러싼 환상이 만에 하나 꺼진다면 누구도 살아남을 수 없다. 실제로 그런 일이 일어나기도 했다. 1970년대의 쿼츠 파동이다. 일본에서 더 저렴하고 간편하고 정확성까지 높은 쿼츠 무브먼트를 만들자 스위스의 시계 브랜드 중 70퍼센트 이상이 망했다. 둘은 그 절체절명의 위기에서 살아남은 몇 안 되는 브랜드다. 신기하게도 둘의 캐릭터는 여기서까지 소소하게 달랐다. 롤렉스는 쿼츠 무브먼트를 넣는 정도로 대응했지만 오메가는 디지털 시계를 만들었다. 역시 개방적이다.

반면 크게 보면 오메가와 롤렉스가 쿼츠의 공습에 맞선 전략은 비슷했다. 귀금속 되기였다. 기계의 역사에서 기계식 시계는 굉장히 흥미로운 물건이다. 용도폐기된 기술이 몇 안 되는 기계적 장점을 내세우며 새로운 산업군으로 들어갔기 때문이다. 가장 정확한 기계식 시계도 인터넷에서 1만 원 아래로 살 수 있는 카시오보다 덜 정확하다. 하지만 기계식 시계의 강자들은 기계의 기계적 결점을 아무것도 아닌 것으로 만들었다. 귀금속이 되기 위해 시계 브랜드들은 이야기와 이미지를 아주 열심히 활용했다. 덕분에 20세기의 정밀계측기기인 기계식 시계가 21세기 사람들의 사치품이 될 수 있었다.

이제 둘은 새로운 미지의 위기 앞에 서 있다. 밀레니얼이다. 밀레니얼 세대는 태어날 때부터 인터넷과 모바일 디바이스에 연결되어 있으며 정치인보다 기업가를 좋아하고 이념보다 실용을 좋아한다. 이런 친구들의 눈에 비친 기계식 시계는 구식 아저씨들이 차는 매력 없는 물건으로 보일 수도 있다. 기계식 시계에게는 이런 시선이 가장 위험하다. 귀금속과 사치품이 번성하기 위한 가장 큰 조건은 '저걸 갖고 싶다'는 비합리적인 욕망이다. 롤렉스와 오메가를 비롯한 고가 시계의 강자들은 온갖 방법을 통해 사람들의 마음에 불을 지피는 데 성공했다. 지금까지는.

　도도해 보이는 명품 시계 회사의 다이얼 뒤로는 여러 가지 조사와 연구와 시도가 이루어진다. 2018년의 고급 시계 업계는 밀레니얼 세대의 소비행태에 굉장히 깊은 관심을 보인다. 밀레니얼은 기존의 방법으로는 불이 붙지 않는 세대일 수도 있고, 그렇다면 시계 업계는 다른 방식으로 사람들의 비합리적 욕구를 자극시킬 방법을 떠올려야 한다. 그렇게 본다면 롤렉스와 오메가는 같은 줄 위에서 서로의 자리를 지키는 동시에 서로를 도와 가며 줄타기를 하고 있는 셈일지도 모른다.

롤렉스와 오메가는 이렇게 변해 가는 스위스 시계 업계의 가장 튼튼한 보루다. 요즘 세대를 보면 롤렉스의 생존 확률이 조금 더 커 보인다. 21세기의 록스타인 래퍼들이 꾸준히 롤렉스를 차기 때문이다. 하지만 오메가 역시 튼튼하게 살아남아 시계 업계의 대표로 자리한 저력이 있다. 이 둘이 어떻게 살아남아 밀레니얼의 손목에 감기는지 지켜보는 것도 21세기의 구경거리다.

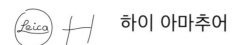

하이 아마추어

라이카(Leica)와
핫셀블라드(Hasselblad)의
경우

1900년대 초 독일에 오스카 바르낙이라는 회사원이 있었다. 바르낙 씨는 회사 생활 틈틈이 취미로 풍경사진을 찍곤 했다. 당시의 카메라는 지금의 것보다 훨씬 크고 무거웠다. 바르낙 씨는 천식을 앓던 사람이라 그 무거운 걸 가지고 다니기 쉽지 않았다. 그의 회사는 필름 회사였고 바르낙 씨는 필름카메라의 기술개발 책임자로 일했다. 그는 직업적 경험과 개인적인 사정을 섞어서 35밀리 필름을 넣어 사진을 찍을 수 있는 소형 카메라를 고안했다. 그 카메라의 이름은 우르-라이카(Ur-Leica). 최초의 라이카였다.

첫 라이카가 시장에 나온 1925년 이후 약 100여 년 동안 전 세계는 아주 많은 일을 겪었다. 카메라 세계는 그 변화를 온몸으로 받아들인 업계 중 하나였다. 손목시계와 카메라는 서유럽에서 태동한 정밀기기라는 점, 그리고 대륙 건너편 일본이라는 경쟁자를 마주쳤다는 공통점이 있다. 유럽 사람들은 난생 처음 보는 근성으로 뭉친 아시아의 라이벌을 상대해야 했다. RF카메라 부문에서는 라이카를 이길 수 있는 브랜드가 없었다. 그런데 일본의 경쟁자들은 SLR이라는 포맷을 만들어 시장 판도를 바꿔 버렸다. 기계장치였던 카메라에 슬슬 전자 부품이 들어가기 시작하더니 지금은 이미지 저장 방식마저도 필름에서 디지털로 넘어갔다. 필름 카메라는 기계가 촬영해 화학적으로 저장되는 구조다. 디지털 카메라는 전자기계가 촬영해 전자적으로 저장되는 구조다. 카메라의 렌즈 뒤에서 일어나는 일이 모두 변해 버렸다.

카메라를 둘러싼 100여 년의 격변기에 여러 브랜드가 다양한 답을 냈다. 카메라는 35밀리 말고도 다양한 판형의 필름에 대응하는 카메라들을 만들었다. 디지털 카메라 시대가 열리자 한때의 올림푸스처럼 전혀 카메라처럼 보이지 않는 카메라를 내는 곳도 생겼다. 그 후에는 20세기의 카메라를 그대로 복각한 카메라도 나왔다. 광학기술과 이미지 저장기술은 계속 변하고 있었고, 모든 카메라 회사가 현명한 대응을 하지는 못했다. 개인용 카메라라는 장르의 창시자인 라이카마저 늘 성공만 했던 건 아니다. 하지만 라이카는 이런저런 시행착오에서 자신들이 유무형적으로 무엇을 가졌는지, 자신의 캐릭터가 무엇인지를 점차 깨달아 간 것 같다.

라이카의 본사 자리에는 오스카 바르낙이 첫 라이카를 만들고 처음 사진을 찍었던 자리가 남아 있다. 아예 돌바닥에 쇠판을 만들어 박아 두었다. 라이카를 좋아해서 거기까지 온 사람들은 자신의 (아마) 라이카 카메라로 오스카 바르낙 씨의 첫 테스트 컷과 같은 사진을 찍을 수 있다. 그런 것들이 뭉쳐서 캐릭터가 된다는 것을 유럽 사람들은 아주 잘 알고 있다. 별것 아닌 것이 모여서 별것이 된다. 그 작은 별것들이 모여서 브랜드 이미지라는 태피스트리를 이룬다.

라이카 캐릭터의 본질은 '원조'다. 물량 경쟁에서는 질 수 있어도 시장의 원조라는 역사는 아무도 가져갈 수 없다. 따라 할 수도 없다. '우리는 이 분야의 최초입니다.'라는 선언은 브랜드를 통째로 사더라도 살 수 없는 자산이다. 라이카는 그 사실을 아주 영리하게 활용하고 있다. 오스카 바르낙이 처음 사진을 찍은 자리를 보존해 둔 것처럼.

라이카의 진짜 가치는 전통에 기반한 캐릭터를 유지하면서 계속 고성능 카메라를 만들고 있다는 점이다. 그 고성능이란 라이카 렌즈의 대단한 감도이기도 하고, 몇 년 전 나온 라이카 T가 구현한 혁신적인 인터페이스이기도 하다. 역사는 소중하지만 역사만으로는 아무것도 남겨둘 수 없다. 지금 제대로 하지 못한다면 예전의 역사는 한때 잘나간 이야기일 뿐이다. 그런 20세기의 브랜드가 아주 많다.

오래된 기업이나 단체는 흔히 '전통을 유지할 것이냐 아니면 혁신할 것이냐?'는 이지선다를 마주하게 된다. 이건 틀린 질문이다. 제대로 된 질문은 '어떻게 전통과 혁신이라는 양립하기 어려운 두 가지 요소를 보기 좋게 봉합시키느냐?'다. 물론 앞 질문보다 뒤의 질문이 더 어렵다. 하지만 성공은 어려운 문제에 답을 구했을 때 찾아온다. 라이카는 이 질문에 가장 멋진 답을 낸 브랜드 중 하나다. 라이카가 낸 답은 고급품화다.

테크 제품은 보통 적당한 가격에 최대한의 성능을 집어넣어 팔거나 가장 최신의 기술을 상품화해서 판다. 라이카는 둘 다 해당하지 않는다. 옛날 기술을 기반으로 타협하지 않고 완성도 높은 기계를 만든 후 멋진 이미지를 붙여서 높은 값을 받고 판다. 그런 면에서 라이카의 전략은 카메라 회사인 니콘도 페이즈원도 아닌 에르메스나 롤렉스의 전략에 더 가깝다. 라이카가 유독 패션 업계와 협업이 잦다는 점 역시 그래서일지도 모른다. 이미지가 좋은 회사 둘이 모여서 더 좋은 이미지가 만들어진다면 둘 모두에게 좋은 일이니까.

고급품화가 된다면 시장의 흐름에 역행하는 도전을 할 수도 있다. 라이카 M-M이 좋은 예다. M-M은 흑백 사진만 촬영되는 풀프레임 디지털 카메라다. 이 카메라는 나오자마자 몇 가지 이유로 화제가 됐다. 요즘 같은 세상에 흑백만 촬영되는데 가격이 (보디만) 1천만 원에 가까우니까. 요즘 물건의 경향인 다기능+낮은 가격과 전혀 다르다. 왜 이런 물건이 나왔을까?

라이카 카메라 측에는 확실한 논리가 있다. 표현력이 더 좋다는 것. 라이카는 M-M 전용 흑백 CCD*를 개발했다. 지금 디지털 카메라에 쓰이는 컬러 CCD는 색과 계조(階調, gradation)를 함께 담기 때문에 미세하게 표현력이 떨어진다. 반면 흑백 CCD는 각각의 픽셀이 계조를 담는 데에만 쓰인다. 라이카의 보도자료에 의하면 이 CCD로 촬영할 경우 '내추럴 샤프니스'가 비교할 수 없는 수준까지 올라간다고 한다. 여기에 라이카 렌즈가 들어간다면 당연히 아주 묘사력이 뛰어난 사진이 나온다. 그래서 어떤 매체는 이 카메라를 리뷰하며 "사진의 '본질'을 탐구한다"는 제목을 달았다.

---

*Charged-Coupled Device: 빛을 전하로 변환해 이미지를 만드는 센서.

맞는 말이다. 사진의 본질.

　그런데 본질 탐구도 아무나 할 수 있는 게 아니다. 이렇게 컬트적인 스펙과 철학적인 논리를 가진 물건을 일반인용으로 판매할 수 있는 브랜드는 라이카밖에 없다. 누군가 만들 수는 있어도 이런 걸 팔 수는 없다. 서울 사는 박찬용 씨가 깊은 뜻이 있어서 대단한 흑백 CCD 카메라를 만들어 봤자 아무도 안 산다. 나라도 안 사겠다. 이게 정말 중요한 부분이다. 라이카는 이런 물건을 만들어서 팔 수 있는 브랜드라는 것이.

멋진 말을 하기는 쉽다. 어려운 건 멋진 말을 했을 때 남들이 동조하는 위치까지 가는 것, 멋진 말을 했을 때 '그래, 저 사람은 저런 말을 할 만하지.'라고 생각할 수 있을 만큼 멋지게 사는 것, 멋진 개념을 가진 물건을 만들어서 시장에 파는 것이다. 라이카는 자신의 역사를 통해 M-M처럼 아주 한정적인 수요를 가진 고가 카메라도 시장에 제안해 볼 수 있는 브랜드가 됐다. 라이카가 명성을 쌓던 시절에 함께 카메라를 만들던 다른 회사 중 멋지게 살아남은 곳은 라이카밖에 없다. 라이카의 캐릭터가 유일한 성공 비결은 아니겠지만 비결 중 하나인 것만은 확실하다.

　그렇다고 라이카가 전통적인 '사진의 본질'만 찾아 헤매는 브랜드는 아니다. 라이카는 M-M처럼 극단적인 컬트 카메라를 만드는 동시에 아주 미래적인 카메라도 만든다. 몇 년 전 출시한 라이카 T가 그 주인공이다.

사진을 둘러싼 많은 환경은 오스카 바르낙이 첫 라이카를 개발한 1913년과는 비교할 수도 없이 달라졌다. 가장 근본적인 변화는 사진 이미지를 저장하는 방식이다. 20세기의 사진 저장은 화학기술의 산물인 필름이었다. 지금의 사진 저장은 전자기술의 산물인 이미지 파일이다. 촬영 방식도 변했다. 카메라는 기계공학적 제품이었다가 전자공학적 제품이 되었다. 물리적으로 돌리는 버튼이나 뷰파인더는 요즘 카메라에서는 없어도 되는 장치다. 지금의 카메라가 옛날 카메라처럼 생길 필요는 없다.

라이카 T는 20세기 카메라의 원조가 21세기를 완전히 이해했음을 증명한다. 이 카메라의 21세기 친화성은 처음부터 끝까지 일관적이다. 눈에 보이는 디자인부터 손에 잡히는 인터페이스까지. 라이카 T의 도색도 하지 않은 통 알루미늄보디는 지금까지의 어떤 카메라와도 다른 방식의 접근이다. 다른 카메라 브랜드라면 '너무 낯설어서 안 될 텐데'라는 내부 의견 때문에 못 낼 디자인일 수도 있다. 이런 식의 과감한 접근은 원조가 아니라면 시도하기 힘들다.

라이카 T가 미래의 클래식인 이유가 이것이다. 장르성에서 벗어난 물건을 내고도 납득을 얻을 수 있는 브랜드는 역설적이게도 그 장르의 원조뿐이다. 오스카 바르낙이 라이카를 통해 얻고자 했던 것은 컴팩트한 크기의 기계로 만들 수 있는 최고의 사진이었다. 라이카 T는 창립자의 뜻을 그대로 잇고 있다. 통 알루미늄 보디와 대형 터치스크린과 전자식 뷰파인더와 와이파이로 연결되는 전용 어플리케이션으로.

라이카 M-M과 T는 이미 놀라운 카메라다. 그런데 디지털 카메라는 놀랍고 새로운 물건이 계속 나오는 분야다. '좋아. 대단해. 그런데 저런 걸 누가 사지?' 싶은 물건들이 끊임없이 나오고 잘 팔린다. 산업에 아직은 유연성과 활기가 있다는 이야기다. 어떤 카메라도 스마트폰보다 많이 팔리지 않는다. 하지만 카메라는 여전히 할 수 있는 한 최고의 결과물을 내놓고 있다. 그중에서도 최근 인상깊었던 카메라는 핫셀블라드의 X1d다.

핫셀블라드 X1d는 미러리스 구조의 중형 포맷 카메라다. 미러리스는 카메라의 구조에 대한 설명이다. DSLR은 렌즈와 이미지 센서 사이에 거울이 있다. 그 거울 위엔 또 거울이 있다. 두 개의 거울에 비친 모습이 뷰파인더에 보여서 사람이 사진을 찍는 구조다. 미러리스는 그게 없으므로 더 작다. 중형 포맷은 디지털 카메라의 필름 역할을 하는 이미지 센서의 크기를 말한다. 35밀리 필름과 같은 이미지 센서 크기를 '풀프레임'이라 부른다. 중형 포맷은 더 크다. 즉 보통 DSLR보다 작은 크기를 갖고도 더 질 좋은 이미지를 뽑아낼 수 있게 되었다는 뜻이다. 지난 시대라면 생각해낼 수 없었을 거란 점에서 21세기적 변종이다.

X1d의 미덕은 기능을 넘어선다. 핫셀블라드의 고향은 스웨덴, 덕분에 예의 그 북유럽 디자인을 품고 있다. 전체적인 실루엣은 보수적인 사각 입체지만 선과 선이 만나는 부분이나 손으로 움켜쥐는 부분에는 마음 좋아 보이는 곡선을 굴렸다. 직선과 곡선이 적당한 비율로 각자의 자리에서 자기 역할을 다한다. 라이카의 신형인 T에 비하면 상냥하고, 드롱기 같은 이탈리아 가전에 비해 덜 호들갑스럽다. 전원 스위치 옆에는 'HANDMADE IN SWEDEN'이라는 글귀가 새겨져 있다. 누군가의 귀에다 속삭이는 것 같다. 안녕하세요. 북유럽 디자인입니다.

X1d는 화질이 좋고 가벼운데 디자인까지 멋지다. 대신 최신형 고성능 기계인 만큼 비싸다. 이 카메라의 값은 한국에서 본체만 1천만 원 정도다. X1d의 출시에 맞춘 전용 마운트가 장착되었으니 렌즈도 새로 사야 마음이 편하다(어댑터를 통해 기존 렌즈를 달 수는 있다). 한 대에 1천만 원쯤 하는 카메라를 사는 시장은 크게 두 부류다. 하나는 사진을 직업 삼는 프로 사진가, 다른 하나는 천만 원 조금 넘는 카메라를 취미용구로 다룰 수 있을 정도로 여유로운 사진 애호가. X1d는 후자 쪽에 더 치우친 물건이다. 여기서 핫셀블라드 X1d의 수싸움이 빛난다.

남성 취향의 고급 기계 시장을 이끄는 소비자군 중에는 '리치 아마추어' 혹은 '하이 아마추어'라는 이름으로 분류되는 사람들이 있다. 이들의 특징은 확연하다. 좋은 사진기의 기능에 감탄할 정도로 기계를 많이 안다. 핫셀블라드가 가진 영광의 순간을 알 정도의 역사적 지식도 있다. 동시에 이 좋은 물건을 살 정도의 돈도 있다. 즉 돈과 훈련된 취향이 동시에 있다. 하이 아마추어를 노리는 영역은 카메라 말고도 많다. 최고급 모터바이크, 고성능 자동차, 최고급 만년필 등이 이에 속한다. 최상급 작가가 최고급 만년필을 쓸 거란 보장은 없다.

하이 아마추어용 기계들은 프로용 고성능 장비라기보다는 남성용 명품에 가깝다. 라이카는 카메라 업체 중 가장 빨리 이 시장에 안착했다. 라이카는 특유의 날카로운 렌즈 감도에 스스로의 역사와 능숙한 브랜드 이미지 조절로 부자의 취미용구가 되었다. 왜 하필 라이카만 에르메스 혹은 폴 스미스와 협업했을까? 왜 '올림푸스×에르메스'는 나오지 않을까? 라이카만 명품의 사치스러운 이미지를 만드는 데 성공했기 때문이다. 지금의 라이카는 프로 사진가의 도구라기보다는 멋진 인생을 사는 남자의 가방 안에 있을 법한 물건에 더 가깝다. 실제로도 잡지 에디터 일을 하며 접해 본 한국의 프로 사진가 중 라이카를 메인 카메라로 쓰는 경우는 많지 않았다.

핫셀블라드의 X1d는 라이카가 다져 둔 고상한 카메라 영역의 제2라운드를 알리는 물건이다. 이 카메라의 중형 센서는 소니가 만들었다. 터치스크린도 소니다. 즉 소니에게도 이런 물건을 만들 충분한 기술력이 있다. 모르긴 해도 니콘과 캐논 역시 만들 수 있을 것이다. 하지만 소니나 니콘이나 캐논이 천만 원짜리 중형 포맷 미러리스를 만들면 잘 될까? X1d처럼 컬트적인 스펙의 물건은 컬트적인 이미지의 명품 브랜드라는 이름표를 달아야 그에 걸맞은 관심을 얻는다. 컬트적인 이미지의 명품 카메라 브랜드라면 핫셀블라드만 한 게 없다.

'핸드메이드 인 스웨덴'이라는 문구야말로 이 카메라의 하이라이트다. 보통 핸드메이드는 비싼 옷이나 잡화 등의 사치품을 공들여 만들었을 때 쓰는 수식어다. '핸드메이드 인 스웨덴'은 이 카메라가 기계적인 성능뿐 아니라 감성적 인 접근에도 신경 썼다는 것을 보여주는 증거다. 내가 과문 해서인지 '핸드메이드'라는 말을 케이스에 대놓고 써 둔 카 메라는 처음이다. 프로 사진가가 '핸드메이드 카메라니까 사진이 잘 나오겠군'이라고 생각할 리는 없다.

핫셀블라드의 고향은 스웨덴이라도 주인은 스웨덴 사람이 아니다. 외국에 사는 건물주처럼 사장님은 따로 있다. 핫셀 블라드는 꾸준히 경영난에 시달렸다. 세계적인 고가품 소비 의 중심지인 홍콩에 있는 시리로(Shiriro)가 2003년 핫셀블 라드의 최대주주가 되었다. 시리로는 핫셀블라드를 아시아 권에 수입해 판매하는 회사였다. 몇 년 후인 2011년 독일의 사모펀드 벤티즈(Ventizz)가 시리로 지분을 포함해 핫셀블 라드 지분 100퍼센트를 인수했다. 지금 눈에 띄는 핫셀블라드의 행보는 모두 벤티즈 이후의 산물이다. X1d 전에 출시된 나무 손잡이 콤팩트 디지털 카메라 역시 벤티즈 체제 핫셀블라드에서 나왔다. 사모펀드 체제 이후 캐릭터를 강화해 하이 아마추어로 나가려는 전략이 확연히 드러난다. X1d는 그 전략의 산물이다.

19세기에서 20세기에 태어난 근대 기술은 이제 거의 성숙기로 접어든 추세다. 사진과 음악 녹음 및 재생은 처음 나왔을 때는 말도 못할 고급 기술이었지만 지금은 엄청난 상향평준화가 이루어졌다. 상향평준화의 시대에 브랜드가 할 수 있는 전략은 결국 아주 세세한 차별화뿐이다. 니콘처럼 말도 못 할 성능의 플래그십을 내거나, 라이카처럼 컬트적인 고급 카메라를 내는 동시에 화웨이 스마트폰에 자신들의 노하우를 팔거나, 후지필름처럼 돈은 화장품으로 벌고 카메라에서 개성을 뽐내거나.

핫셀블라드 X1d는 20세기에 인지도를 쌓은 브랜드가 21세기를 살아가는 방식이다. 그 방식이란 결국 옛날 영광에 기반한 사치품화다. 그리고 사치품화 전략은 성공했다. 한국에서만 이 카메라의 예약 물량이 100대쯤 된다는 걸 보면.

21세기의 기계는 어떤 모습이어야 할까. 성능이나 스펙은 꼭 지켜야 하는 조건일까 아니면 이미지를 지키기 위한 필요조건일까. 어떤 기계의 성능을 지키기 위해서 브랜드 이미지를 만드는 걸까, 아니면 이미지를 고수하기 위해 특수한 성능을 만드는 걸까? 라이카와 핫셀블라드는 각자의 방식으로 이 질문에 대답한다. 이들의 경우를 보면 21세기 정답의 정의는 '아무도 따라할 수 없는 답안'인 것 같기도 하다.

내 손안의 옛날 남자

지포(Zippo) 라이터
이야기

<딥 블루 씨>, <황혼에서 새벽까지>, <호커스 포커스>, <오션스 13>, <엑스맨: 더 데이즈 오브 퓨쳐>, <인디아나 존스>, <펄프 픽션>, <스콜피온>, <화성침공>, <맨 오브 아너>, <러시>, <2 건즈>, <배리드>, <미녀삼총사>, <고스트 라이더>, <캡틴 아메리카>, <워크 더 라인>, <월-E>, <왓 우먼 원트>, <아웃 오브 사이트>, <트와일라잇 사가>, <쥬라기 공원>, <웨딩 싱어>.

이 영화들에는 공통점이 있다. 지포 라이터가 나온 적이 있다는 점.

지포 라이터는 신기한 물건이다. 스카치테이프 수준의 고유명사인데도 세부적인 요소는 별로 알려진 게 없다. 창업 100여 년이 된 지금까지도 딱히 변하지 않았다. 글로벌 브랜드인데도 미국에서만 생산한다. 단순한 미국산이 아니라 이들이 처음 지포 라이터를 만들었던 바로 그 동네인 브래드포드에 공장이 있다. 소유주도 지금까지 똑같다. 지금 지포를 이끄는 사람은 창업자 조지 블리즈데일의 외손자 찰스 듀크다. 때맞춰 변하기도 쉽지 않지만 이렇게 안 변하는 것도 보통 일이 아니다.

지포 라이터는 엄청나게 많이 팔렸다. 2012년 지포 라이터의 누적 생산량은 5억 개를 돌파했다. 아주 꾸준한 성공이다. 지포는 1969년 1억 개를 팔고 나서부터 1988년 2억 개, 1996년 3억 개, 2003년 4억 개 판매를 넘긴 이후 9년 만에 5억 개를 판매했다. 세상에 딱 하나만 있는 지포 라이터 공장에서는 하루에 6만~7만 5천 개의 라이터를 만든다. 인구 1만 명 규모의 시골 마을에서 전 세계적으로 상징적인 물건이 퍼져나간다. 어떻게 이렇게 됐을까.

처음부터 이러지는 못했다. 지포 라이터의 첫 달 판매 개수는 82개, 액수로는 62.15달러였다. 함께 일하던 브래드포드의 직원들에게 월급을 못 줄 정도였다. 하지만 지포와 함께하던 직원들은 "오, 괜찮아요 조지. 괜찮아 질 거예요."라고 말하며 블리즈데일을 격려해 줬다고 한다. 블리즈데일 가문은 그때의 신세를 잊지 않았다. 전 세계에 5억 개가 넘는 라이터를 퍼뜨린 지금도. 지포 라이터는 아직도 브래드포드 공장에서 만든다.

나는 <루엘>에서 일하던 때 지포 라이터의 초대를 받아 브래드포드의 공장에 다녀왔다. 오래되어 안정적인 대량 생산 시스템은 실제로 보니 감동적일 정도였다. 40년이 넘은 프레스 기계들이 늘 그래왔던 것처럼 놋쇠를 찍어 내고 케이스의 몸체와 뚜껑을 만들고 힌지를 붙여서 지포 라이터를 조립한다. 공장 곳곳엔 20년씩은 근무한 숙련공들이 앉아 있다. 그들이 능숙하게 눈과 손을 움직이면서 불량품을 걸러 내거나 완성된 케이스를 정리한다. 지포는 이런 식으로 전 세계에 퍼져 나갔다. 의리 있는 자본가, 성실한 숙련공, 농익은 대량 생산 시스템, 튼튼한 물건. 좋은 이야기다.

지포 라이터는 요즘 너도나도 말하는 혁신의 결과물은

아니다. 창의적인 물건이라고 보기도 힘들다. 분류상 기름을 넣는 오일 라이터에 속하는데 이쪽의 원조는 오스트리아의 임코 라이터다. 지포라는 이름도 렉서스나 코닥처럼 깊이 생각해서 만든 것이 아니라 '지퍼'의 어감이 좋아서 붙인 이름이다. 하지만 좋은 이름이나 물건의 독창성 때문에 상징적인 물건이 되는 건 아니다. 사실 아이콘의 가장 큰 조건은 통제도 예상도 안 되는 행운이다. 지포의 행운은 전쟁이었다.

지포 라이터는 2차 세계대전과 함께 비약적으로 성장했다. 미국이 2차 세계대전 참전을 결정했고, 지포가 당시 미군 지급품이 되었기 때문이었다. 지포의 큰 장점은 단순한 구조와 뛰어난 내구성이다. 이 둘은 훌륭한 군용품의 필수 조건이기도 하다. 전쟁은 고통스럽다. 전쟁이라는 거대한 판단의 끝단에 있는 전투 현장에선 더욱 그렇다. 거기서 느끼는 개인적인 고통만은 승자와 패자, 침략자와 인질 누구에게나 다르지 않다. 그러므로 아무튼 누군가 참전했다면 고통을 줄일 뭔가가 필요했다. 그중 하나가 담배였다. 담배를 피우려면 불이 필요했다. 그러니 미군이 세계대전에 참전한다는 건 지포가 외국으로 나간다는 뜻이었다. 비약하면 일본의 진주만 침공이 지포의 세계화를 부른 것이다. 일본은 지포의 가장 오래되고 충성스러운 해외 시장이기도 하다.

지포의 빈티지 모델은 지포와 전쟁의 강한 연관성을 보여준다. 역사가 긴 물건답게 다양한 빈티지 지포가 시중에

남아 있다. 그중 베트남 전쟁에 참전한 미군이 쓰던 빈티지 지포가 가장 인기가 높다. 미군들은 이태원에서 베이스볼 점퍼에 자수를 놓던 것처럼 베트남에서 지포 라이터에 스스로의 온갖 자아를 새겼다. "나는 내가 죽으면 천국에 갈 것을 안다. 왜냐하면 지옥에서 시간을 보냈으니까." 같은 건 시적인 편이다. 베트남 지도, 복무 연도, 눈살이 찌푸려질 정도로 난폭한 성욕, 이런 것들이 새겨진 지포 라이터가 아직 비싼 값에 거래된다.

지포는 미국이 가진 여러 요소 중 애국심과 강하게 연결된다. 지포는 크고 튼튼하고 눈에 띄는 광택을 내며 한번 사면 평생 고쳐 준다. 이건 할리우드 영화 같은 걸 이용해 미국이 자국 국민들에게 제시하는 이상적인 삶과도 닮아 있다. 큰 집, 큰 차, 넉넉한 삶, <라이언 일병 구하기>처럼 한 명을 구하기 위해서라도 온 나라가 움직일 거라는 약속. 지포는 손바닥 속의 팍스 아메리카나일지도 모른다.

지포 공장 출장 프로그램 중에는 지포 박물관 투어도 있었다. 지포에 50년 이상 근속한 린다 씨가 안내해 준 투어를 보던 중 프랑스인 필립은 눈물을 흘렸다. "지포를 전쟁에 갖고 나간 남자 이야기에 감동을 받아서"였다. 투어가 끝나고 독일인 루카스는 진절머리를 냈다. "이렇게 국가, 국가, 국가가 물건과 바짝 붙어 있는 브랜드는 세상에 처음 봐서"였다. 둘 다 맞다. 그래서 개인적으로는 지포를 어떤 물건이라고 정의하기 좀 부담스러웠다. 어떤 방향으로든.

참전 군인들의 지포 라이터.
당시 주월한국군사령관 중장 이세호의 라이터도 있다.
미국 브래드포드, 지포 라이터 본사, 2015년 9월.

다만 지포에 100퍼센트 일관성은 있다. 지포는 아주 남성적인 이미지다. 대부분의 지포는 남자가 산다. 여자가 산다면 남자에게 선물하기 위해서라고 한다. 아주 미국적인 물건이기도 하다. 우디 앨런의 미국이 아니라 실베스타 스텔론의 미국이 진하게 묻어 있다. 불은 담배를 필요로 하지 않지만 담배는 불을 꼭 필요로 하니 지포는 담배와도 연결된다. 실제로 지포 본사에서는 2015년까지 자유롭게 사무실 안에서 담배를 피울 수 있었다. 이 요소들을 모으면 하나의 캐릭터가 남는다. 옛날 남자.

지포 라이터는 실로 옛날 남자 같은 물건이다. 담배를 뻑뻑 피우고 라이터로 찿찿 소리를 내며 불을 붙이고 술자리에서 목소리가 커지는. 여자를 이해하지는 못해도 지켜주려 하고, 고민하는 대신 실천하며, 자신이 잘하고 있는지 돌아보는 대신 자신에게 끝없이 할 수 있다고 최면을 거는 남자. 종종 허풍은 떨어도 진지한 약속은 어기지 않는, 디자이너 브랜드 대신 브룩스 브라더스를 입는, 한번 옳다고 생각하는 건 바꾸지 않는 옛날 남자. <여인의 향기>에 나오는 알 파치노와 비슷하다. 그 캐릭터는 지금의 눈으로 보면 비판받을 구석이 많다. 하지만 그 영화에서 알 파치노는 좋은 정장과 멋진 탱고를 추는 법과 여자에게 갖춰야 할 예의를 안다. 미덕이 없다고 할 수는 없다.

　　지포 주변을 살펴보면 이렇게 많은 이야기를 늘어놓을

수 있다. 하지만 아이콘이 된 당사자인 지포가 한 일은 딱 둘 뿐이다. 좋은 원칙을 만든 것, 그 원칙을 지킨 것. 창업자의 외손자 조지 B. 듀크 씨 역시 지포의 정신을 잇고 있다. 그는 나와 만났을 때 "우리는 브래드포드의 사람들이 우리를 도와줬다는 사실을 절대 잊지 않았어요."라고 말했다. "(외할아버지는) 지포를 잘 만들라고 말했어요. 늘 품질을 유지하라고 이야기해 줬어요. 그리고 늘 회사를 건강하게 유지하라고도 말해 줬어요. 이건 재정적인 걸 뜻하기도 해요. 우리는 늘 재무에 신경을 써요. 돈을 빌리는 것에 아주 아주 민감해요." 이게 전부다. 나쁠 때나 좋을 때나 한결같이 튼튼한 물건을 만든 것, 함께 일한 사람들과 계속 함께한 것. 제대로 된 물건과 동료들 말고는 어디로도 한눈 팔지 않은 것.

팍스 아메리카나와 전쟁과 담배와 옛날 남자가 여자를 대하는 방식에는 문제가 있다. 하지만 지포가 상징적인 물건이라는 사실은 아직 변하지 않을 것 같다. 지금은 담배를 안 피우는 나도 아직 내 지포를 종종 만져 본다. 적당한 무게, 가장자리의 부드러운 곡면, 여닫을 때마다 들리는 챙, 딸깍 소리, 5억 개를 만들며 쌓은 경험이 담긴 물건을. 그걸 느끼다 보면 이게 왜 인기를 끌었는지는 알 수 있을 것 같다. 튼튼하고 믿음직스러우니까. 약속을 계속 지키니까. 그런 물건이 좋은 물건이니까.

옷 안의 세계관

슬로웨어(Slowear)가
보여주는
철학의 부가가치

세상에는 아주 많은 종류의 고가품이 있다. 그중에서도 내가 일한 라이프스타일 잡지 업계에서는 의식주라는 필수품 영역을 사치품화한 고가품을 많이 다뤘다. "1천만 원짜리 시계가 2만 원짜리 시계보다 잘 틀리면 어떡해?"라거나 "그렇게 비싼 바지는 대체 뭐가 다른 거야?" 같은 질문을 부르는 물건들이 좋은 예다.

필수품계의 고가품은 신기한 물건이다. 먹고 입고 자는 영역의 물건은 사실 아주 경쟁이 치열한 분야다. 아주 싼 것부터 아주 유행하는 것까지, 사람들을 즉각적으로 홀릴 수 있는 물건이 너무 많다. 그렇기 때문에 필수품 중 고가품을 만드는 회사들은 다양한 방법으로 소비자를 매혹시킨다. 홀린다고 말해도, 속인다고 말해도 좋다. 다이아몬드 결혼반지처럼 인간의 추억과 결합한 사치품이 있다. 캐시미어처럼 인간의 촉각을 간지럽히는 사치품이 있다. 유명 브랜드처럼 인간의 과시욕과 연관된 사치품도 있다.

그게 뭐든 중요한 사실은 같다. 비싼 물건이 팔린다는 건 그 물건이 손님들에게 그만한 가치를 한다는 것을 성공적으로 설득했다는 의미다. 고가품의 소비자들은 자기 의지로 그 물건을 산다. 강제가 아니다. (깊이 들여다보면 종종 심리적 반강제 상태인 경우도 있지만 여기서 해야 할 이야기는 아니다.) 세계적으로 인정받는 고가품 브랜드는 각자의 방식으로 자신들의 높은 가격을 시장에 납득시켰다. 고가 사치품이라는 풍조를 인정하든 미워하든, 그들이 어떻게 까다로운 손님의 마음에 들었는지는 한번쯤 들여다볼 필요가 있다.

이탈리아에는 슬로웨어라는 브랜드가 있다. 옷을 만드는 브랜드다. 슬로웨어의 옷은 요즘 유행하는 자극적인 유행과 조금 거리를 둔다. 이들은 좋은 소재를 이용해서 기본적인 모양의 옷을 만든다. 모든 부분에 신경을 많이 쓰되 대놓고 티를 내지는 않는다. 그래서 우아한 느낌이 든다. 대신 그만큼 비싸다.

내가 자유기고가로 일할 때 든든한 친구 같은 <루엘>의 박정희 에디터와 함께 이 브랜드의 타블로이드판 신문을 만든 적이 있다. 이때 슬로웨어 CEO 로베르토 콤파뇨 씨와 서면 인터뷰를 진행했다. 각종 브랜드의 여러 담당자와 인터뷰를 진행해 보았지만 이 사람의 인터뷰 답변은 특히 훌륭했다. 이런 말은 좀 그렇지만 '이래서 이탈리아 남자들이 그렇게 여자를 잘 유혹하나' 싶을 정도였다.

콤파뇨 씨의 말은 그냥 하는 달콤한 말 이상이기도 했다. 슬로웨어는 이들이 처한 상황에 대한 진지한 대답이었다. 슬로웨어의 이름이 슬로웨어인 이유는 천천히 열심히 만드는 옷이기도 하지만 '패스트 패션'에 반대되는 개념이기도 하기 때문이다. 1990년대 후반부터 매스미디어와 함께 글로벌 브랜드가 세계로 퍼져 나갔다. 광고판이 많아졌으니 새로운 것이 많이 빨리 나올수록 사람들의 눈에 잘 띌 수 있었다. 슬로웨어는 이 상황에 대한 반발이다. 그다지 눈에 띄지 않는 옷을 정성 들여 만든다. 전지구적인 홍보와 마케팅과 e-커머스도 중요하지만 실제로 사람들이 만나서 옷을 입고 사는 과정도 변함없이 중요하다.

많은 사람이 시류를 따르기 위해 스스로를 바꾼다. 콤파뇨 씨는 그런 상황에서 '그게 아니다'라고 주장했다. 이름부터 '슬로웨어'인 브랜드를 만듦으로써. 비싼 옷을 만들어 세계적으로 팔면서 반세계화주의를 전파하는 아이러니야말로 21세기다 싶기도 하지만. 거칠게 말하면 멋진 사상은 돈이 되기도 하는 것이다.

콤파뇨 씨의 말은 냉정하게 봤을 때 옷 많이 팔려고 하는 이야기라고 생각할 수도 있다. 그게 사실일 것이다. 하지만 어차피 생산과 소비는 삶에서 빼기 힘든 일부가 되었다. 기왕 뭔가 사고 팔 거라면 깊이 생각해서 물건을 만들고 멋진 말과 함께 파는 쪽에 좀 더 호감이 갈 것 같다.

© SLOWEAR

로베르토 콤파뇨, 슬로웨어 CEO

브랜드의 이름을 '슬로웨어'라고 지은 이유는 무엇입니까?
2000년대 초반에 슬로웨어라는 이름을 만들었습니다.
그때는 모두 '패스트 패션'을 말했습니다. 다들 의류산업이
세계화 시대를 맞았을 때 가능한 미래는 그것뿐이라고
여겼습니다. 슬로웨어는 하나의 슬로건이었습니다.
튼튼한 패션, 옷장 안에서 오래 가도록 디자인되고 생산되는
옷을 만드는 우리에게 즉각적이고 명확한 모토가 되었죠.
느림의 철학을 따르는 옷은 라이프스타일인 동시에 영리한
구매 옵션이기도 합니다. 우리는 높은 품질과 시간을
초월하는 스타일을 목표로 합니다. 우리는 계절성 트렌드
사이에서도 살아남는 현대적이고 고급스러운 소재를
좋아합니다. 고객에게 편안함과 자신감을 동시에 줄 수
있지요.

당신에게 '슬로 라이프'는 무슨 의미입니까?
슬로 라이프스타일이 꼭 빠른 속도와 반대되는 개념은
아닙니다. 슬로 라이프스타일의 반대편에 있는 건
'서두름'입니다. 우리가 옷을 만들며 고민하는 건 순간의
기쁨만이 아닙니다. 그 옷이 어떻게 만들어졌는지, 그리고
우리가 그 옷을 얼마나 오래 입을 수 있는지도 중요합니다.

슬로웨어가 위치한 베니스에서 진정한 슬로 라이프를 즐길
수 있는 장소는 어디일까요?
마초르보, 펠레스트리나와 S. 피에트로 디 카스텔로를

추천하고 싶군요. 모두 베니스 안에 있는 작은 섬들입니다.
레스토랑도 물론 추천할 수 있지요. 마초르보에서는
'마달레나', 펠레스트리나에 있는 '셀레스트레',
미제리코르디아의 '알 티몬'을 좋아합니다.

슬로웨어는 이제 국제적으로 알려졌습니다.
어떻게 슬로웨어의 정신을 지속시키고 있습니까?
슬로웨어는 단순한 브랜드를 넘어 국제적인 현상에
가깝습니다. 이건 사실이에요. 우리는 우리의 제품을 통해
우리의 철학과 일관성을 증명하고 있습니다. 국제적인
현상이 되었다는 것이 우리가 글로벌 브랜드의 문법을
따른다는 의미는 아닙니다. 우리는 언제나 우리의 철학과
신념을 따르고 있습니다.
우리는 유기적으로 한 발짝씩, 제대로 된 방식으로 계속
성장합니다. 제대로 된 성장 방식을 만들기 위해 우리는
컬렉션을 만들 때와 같은 노력을 기울입니다. 그래서 우리는
5년 동안 28개의 매장만을 열었습니다. 하지만 우리의 매출은
해가 갈수록 눈에 띄게 오르고 있습니다. 슬로웨어식 성장은
가능합니다. 훼손되지 않은 65년의 역사와 수많은 가능성을
가진 우리 회사가 그 증거입니다.

슬로웨어를 만들 때 어디에 가장 신경 쓰십니까?
우리는 컬렉션을 디자인할 때 시간을 들여 인내하며 가장
뛰어난 소재와 핏감, 그리고 디테일을 만들어 냅니다.

이것이 피팅(Fitting), 패브릭(Fabric), 피니싱(Finishing)에 공을 들이는 우리의 '3F 룰'입니다. 고객의 옷장 속에서, 그리고 덧없이 흘러가는 패션 트렌드 속에서 살아남는 옷을 만들기 위한 규칙이지요. 오래 지속되는 완벽한 핏, 편안하고 세련된 스타일을 만든다는 목표는 우리의 엔진이 되어 줍니다.

입는 사람이 모른다 해도 만드는 사람은 신경 쓰는
슬로웨어만의 디테일이 있나요?
우리는 늘 강박적일 정도로 디테일에 집중하며 소재를 만듭니다. 우리는 옷의 마무리와 디테일 부분에서 우리만의 고유한 시도를 여러 차례 해 왔습니다. 우리가 한 것을 뒤이어 하는 다른 브랜드도 많이 있었습니다. 패션이라는 한 분야에 60년 이상 전문화되며 획득한 기술과 노하우 덕분에 완벽한 옷을 만들 수 있습니다.

많은 패션 관계자와 VIP가 슬로웨어를 좋아합니다.
왜일까요?
지속과 인내가 비결입니다. 우리는 옳다고 생각하는 걸 계속했습니다. 시장의 영향을 받지 않았습니다. 지속성이 우리의 경쟁력이 되었습니다. 나는 그게 우리 관계자와 고객이 우리에게 사랑을 보여주는 이유라고 생각합니다. 그런 사람들은 모두 우리의 VIP입니다.

어떤 사람이 슬로웨어를 입었으면 좋겠습니까?

당신의 이상적인 고객은 누구입니까?

이상적인 손님을 상상하는 걸 넘어서, 나는 당신에게 현실의 자연스러운 손님을 묘사할 수도 있습니다. 그는 확실한 자아가 있고, 뻔하지 않고, 디테일에 집중하고, 좋은 품질의 물건이 무엇인지 이해할 수 있고, 글로벌 브랜드를 거부하며, 로고로 물건을 고르지 않습니다.

사람들이 슬로웨어를 생각했을 때 어떤 이미지를 떠올리길 바라십니까?

우리의 스타일은 '스마트 캐주얼'입니다. 업무 시간과 휴식 시간에 모두 어울립니다. 우리는 소재와 실루엣에 따라 다양한 제품군을 구성하고 있습니다. 셔츠와 재킷만 봐도 그렇지요. 우리만의 특징을 유지한 채로 조금 덜 포멀한 컬렉션을 제안하기도 합니다. 하지만 그 옷에도 현대적인 면모, 아주 높은 품질의 소재, 뛰어난 스타일이라는 슬로웨어의 철학이 들어 있습니다. 고객의 목적에 따라 얼마든지 '포멀'하거나 덜 포멀한 조합을 구성할 수 있습니다.

사실 도시 생활은 아무리 노력해도 100퍼센트 느리기 힘듭니다. 그렇다 해도 '슬로 라이프'를 잊지 말아야 하는 이유는 무엇일까요?

당신 말이 사실입니다. 느릴 수 없다는 것이 현대 사회의 덫이기도 하지요. 하지만 '슬로 라이프'는 어떤 상태가 아니라 선택과 방침에 가깝습니다. 속도를 늦추는 법을 아는 것,

잠깐 느려지는 휴식 없이는 아무것도 변하지 않는다는 것을 이해하는 것, 이것이 중요합니다. 하지만 이건 정말 실행해 봐야 당신은 뭔가가 바뀔 수 있다는 걸 이해할 수 있을 겁니다. 저 자신 그리고 저와 일하는 사람들은 쉬는 시간이 일하는 시간만큼이나 중요하다고 강하게 믿습니다. 업무 효율성은 재충전 가능성과 밀접한 연관성이 있습니다. 그래서 우리가 좋아하는 사람을 만나거나 기분 좋은 일을 하는 데 시간을 들이는 게 중요합니다. 속도를 늦출 줄 안다면 삶이 나아질 겁니다.

21세기에
아이콘이 되는 법

위블로(HUBLOT)와
노모스(NOMOS)의 경우

사치품 업계의 브랜드 스토리는 크게 둘로 나뉜다. 오래된 브랜드의 전통적인 이미지를 상품화한다. 아니면 새로 생긴 브랜드의 최신 기술과 거침없는 태도의 이미지를 상품화한다. 둘 중 전자를 더 많이 한다. 하지만 세상은 늘 앞으로 나가고 있다. 비싸고 좋은 걸 찾기 위해서 계속 옛날을 뒤돌아봐야 할 필요는 없다. 동시에 사치품에 적용할 수 있는 첨단 기술의 발전이 요즘은 좀 더딘 편이다. 그래서 이런 질문을 떠올린 적이 있었다. 다음 세대는 이 시대의 무엇에 대해 21세기의 고전이라는 호칭을 붙일까?

나는 이 질문의 첫 답으로 위블로 시계를 떠올렸다. '위블로 빅 뱅이 21세기의 클래식이다'라는 명제에 반대할 시계 애호가들을 많이 알고 있다. 그들의 논리도 안다. 위블로 측에서 달가워할 이야기는 아니겠지만 이제 와서 딱히 숨길 것도 없다. 어디서 본 디자인 요소를 가져와 소재만 그럴싸하게 섞은 후 마케팅으로 부풀려서 엄청나게 비싸게 파는 시계.

날선 비난과 무조건적인 칭찬에는 여러 가지 요소가 빠져 있을 때가 많다. 이 이야기에서도 그렇다. 위블로 빅 뱅의 팔각형 케이스가 다른 브랜드의 시계에서도 보이는 건 사실이다. 오데마 피게의 로얄 오크와 IWC의 인제니어도 팔각형 케이스를 갖고 있다. 그런데 이 두 시계는 같은 사람이 디자인했다. 손목시계 디자인의 역사에서 컬트적인 위치에 오른 시계 디자이너 제럴드 젠타다.

"그는 내게 시계 디자인을, 물건에 섹스 어필과 영혼을 불어넣는 법을 알려주었다. 내가 만든 시계 특유의 감수성, 색채와 소재에 대한 나의 사랑, 그리고 '보이지 않는 존재감'에 대한 사랑은 내 옆에서 그가 가르쳐준 비밀이다." 이건 <베너티 페어 온 타임>에서 장 클로드 비버가 한 이야기다. 이 이야기에서 '나'가 장 클로드 비버, '그'가 제럴드 젠타다.

장 클로드 비버는 시계 업계 안에서도 특이한 자리에 있다. 그가 로잔 대학교를 졸업했을 때 스위스 시계 산업은 이미 거의 전멸한 상태였다. 그는 망해 가는 시계 산업의 골짜기에서 시계 산업의 전반을 익혔다. 그때 망했던 블랑팡을 사서 몇 년 만에 기업가치를 수백 배로 끌어올렸다. 그때 장 클로드 비버는 이미 역사 마케팅을 했다. '블랑팡은 1735년부터 지금까지 쿼츠 시계를 만들지 않았다. 앞으로도 만들지 않을 것이다' 이게 장 클로드 비버가 블랑팡을 다시 세운 논리였다. 위블로는 역사 마케팅으로 세간을 풍미한 남자가 한층 더 자신만만하게 전개한 브랜드였다.

위블로에 대한 비난은 이렇게 압축된다. 역사 없음, 언론 플레이, 마케팅 많음. 모르시는 말씀, 시계 브랜드의 역사처럼 부질없는 것도 없다. 지금 전통을 자랑하는 '워치메이커'는 거의 대부분 쿼츠 파동의 한파를 넘기지 못했다. 겉으로는 100년 전통인데 알고 보면 신장개업인 곳도 적지 않다. 위블로는 남의 이름을 빌려오지도, 알고 보면 부끄러운 역사를 가져오지도 않았다.

마케팅? 지금 점잖은 척하는 롤렉스는 세계 마케팅 역사상 가장 선구자적인 회사였다. 롤렉스는 90년 전부터 귀신 같은 이벤트와 마케팅을 거듭하며 지금의 자리까지 왔다. 위블로와 다른 역사적인 브랜드의 차이는 하나뿐이다. 위블로는 현재진행형 브랜드라는 것. 고가 시계 전체를 말장난이라고 부정한다면 모를까 위블로만 비하하는 건 앞뒤가 안 맞는다. 차라리 위블로가 순결하다.

성공이 모든 것을 덮는다는 논리는 위험한 사고방식이다. 하지만 여기는 상업의 세계니까 위블로의 성적이야말로 위블로의 가장 큰 지지세력이다. 장 클로드 비버가 배워 왔다는 '보이지 않는 존재감' 같은 건 아무나 만들 수 있는 것도, 아무렇게나 만들어지는 것도 아니다. 그는 스위스 시계 업계에서도 각 부분의 디테일에 정통하기로 유명하다. 위블로의 성공 비결은 간단하다. 품질과 이미지를 제대로 관리한 것이다. 시계를 잘 아는 사람이.

인지적 동의라는 개념이 있다. 어떤 물건을 알아보고, 그 물건의 가치에 대한 공감을 얻는 걸 뜻한다. 인지적 동의는 모호하기 때문에 얻기도 무척 어렵다. '아 그거 좋은 시계지'라는 공감을 얻는 게 보통 일이 아니다. 그것도 고급 시계 업계의 노회한 라이벌 사이에서라면 더욱 그렇다. 위블로는 스위스 명품 시계의 빽빽한 경쟁 사이에서 성공적으로 자기 자리를 만들어 냈다.

위블로의 성공 비결은 간단하게 요약할 수 있다. 이들의 성공전략은 요즘 사치품의 시대정신이기도 하다. 간결한 콘셉트와 화려한 디테일, 적절한 마케팅과 탁월한 순발력. 그 방법이 누구나 할 수 있는 것이었다면 위블로 같은 브랜드가 많아야 할 텐데 지금 스위스발 고급 시계 중에서 새로운 이름과 정체성으로 세계적인 성공을 이룬 브랜드는 많지 않다. 그중 하나가 위블로다. 위블로의 대표 시계 빅 뱅은 2005년에 첫 선을 보이고 2015년에 출시 10주년을 맞았다. 2000년대 초반에 태어난 클래식이다.

위블로는 사치스러운 물건을 사치스럽게 포장해 새 시대의 사치품을 보여주었다. 사치품의 속성 중 하나인 높은 생산 단가와 신소재라는 측면을 극단적으로 강조한 리차드 밀 같은 시계도 있다. 하지만 꼭 아주 비싸고 특이한 물건만이 21세기 사치품의 유일한 성공 공식은 아니다. 노모스 같은 길을 가는 브랜드도 있다.

　노모스는 아직 별로 유명하지 않다. 한국에서는 좀 더 그렇다. 반면 노모스라는 브랜드 자체는 점차 확장하고 있다. 이들의 시계 박람회 속 브랜드 부스의 위치가 작은 실마리다. 시계 박람회 바젤월드의 부스 위치는 해당 브랜드의 업계 입지와 큰 관련이 있다. 바젤월드에서 가장 많은 시선을 받는 1관에는 아무 브랜드나 들어가지 못한다. 롤렉스와 파텍 필립과 쇼파드의 자리는 몇 십 년째 1관 1층 에스컬레이터 옆자리다. 이 자체가 이들의 위세다. 부스 자리잡기는 은 근히 경쟁이 치열한지 뒤로 밀리거나 위로 빠지거나 옆 건 물로 튕겨나가는 브랜드도 있다. 노모스는 2관에 있다가 2015년 1관 2층까지 들어온 이래 1관에서 자리를 잡고 있다. 이런 표현이 가능하다면 노모스는 1관 브랜드다.

노모스에서는 고급 시계의 성공 패턴을 하나도 찾아볼 수 없다. 고향부터 스위스 옆 독일이다. 디자인도 낯설다. 대 형 사치품 그룹의 일원도 아니다. 1천 미터 방수 기능도 스플 릿 세컨드 크로노그래프(한 시계에서 두 가지 랩 타임을 재 는 기능)도 투르비용(중력의 영향을 줄이기 위해 밸런스 스 프링 부분을 회전시키는 기능. 지금은 거의 장식용으로 쓴 다)도 깨처럼 뿌려둔 다이아몬드 장식도 없다. 유명인을 동 원해 마케팅을 한 적도 없고 세계적으로 알려진 홍보 대사 도 없으며 랩 가사에 인용된 적도 없다. 하지만 노모스는 성 공했다. 한국에서 덜 유명할 뿐 <뉴욕 타임스>에서도 주목 할 만한 브랜드로 지목했다. 비결은 간단하다. 좋은 물건.

남다른 물건을 남보다 좋은 품질로 만들면 성공한다. 노 모스는 놀라울 정도로 우직하게 이 가치를 밀어붙인다. 스 위스식 성공 문법을 따르지 않았을 뿐 논리도 충실하다. 독 일 시계니까 바우하우스풍 디자인. 간단한 원형 케이스와 일자 러그, 가느다란 인덱스와 핸즈. 간단하지만 멋지게 만 들기는 의외로 힘든 디자인이다. 여백이 많으면 허전해 보 이고 요소가 많아지면 산만해 보인다. 동시에 간결한 디자인을 만들려면 용기도 필요하다. 무엇을 더할지 고민할 때보다 무엇을 뺄지 고민할 때가 더 어렵고 고통스럽다. 노모스는 아무렇지도 않게 이 일을 하고 있다.

노모스보다 좋고 비싸고 유명한 시계는 많아도 노모스 같은 시계는 하나도 없다. 노모스의 대표 시계인 탕겐테는 한국에서 200만 원 대다. 비슷한 가격의 기계식 시계 중 무브먼트 표면에 무늬까지 넣어 장식한 자체 제작 무브먼트를 넣은 시계는 많지 않다. 현혹되기 쉬운 무형 요소가 아니라 물리적인 만듦새를 보고 물건을 고르는 안목이 있다면 노모스는 아주 좋은 답이 될 것이다.

기계식 시계는 수백 년을 거쳐 시간 표시 기능이 있는 고가 액세서리라는 지위에 이르렀다. 노모스는 21세기의 기계식 손목시계라는 과제에 대한 독일식 모범답안이다. 간단하게 멋을 내고 잘 세공한 무브먼트를 끼운다. 노모스의 추가 기능은 파워 리저브(기계식 시계의 동력 잔량을 보여준다)와 월드 타임(다른 시간대의 시간을 한 눈에 알 수 있다)이 전부다. 기계식 시계를 찬다면 알겠지만 이 둘이야말로 도시생활에 정말 필요한 기능이다. 도시인의 사치품이니까 간결하면 좋을 거고 불필요한 기능이나 장식은 필요 없다. 가격은 1000유로대부터. 이게 전부다. 더할 것도 뺄 것도 숨길 것도 부풀릴 것도 없다. 그러니 나중에 더 높은 평가를 받을 것이다. 애초부터 거품이 없었으니까.

위블로와 노모스는 각자 다른 면에서 21세기의 사치품을 상징한다. 위블로는 눈에 띄는 디자인과 공격적인 마케팅이라는 당대의 성공방식으로 새로운 클래식이 되었다. 노모스에게는 단정한 디자인과 뛰어난 가격 대비 성능이라는 장점이 있다. 이 역시 21세기의 시대정신이다. 위블로가 상징하는 이 시대의 정신이 눈에 띄는 사치품이라면 노모스가 (얼떨결에) 상징하는 시대정신은 가격 대비 가치다.

경제성장률이 줄어들고 업계가 성숙하면서 고가 기계식 시계 역시 극과 극의 생존방식을 갖게 됐다. 위블로나 리차드 밀처럼 극도로 사치스러운 물건 한편에는 별로 사치품과 상관 없어 보이는 개념으로 승부하는 브랜드가 나오기 시작했다. 그 개념은 가격 대비 가치다. 한때 수입차 업체들이 디젤 승용차를 수입하며 연비의 경제성을 강조한 적이 있다. 프리미엄 이미지를 가졌던 수입차들이 경제적인 연비를 말하는 건 앞뒤가 안 맞아 보이지만 문제는 소비자가 반응했다는 것이다. 여유가 많은 건 아니지만 최대한 사치품을 가지려 하는 소비자층이 늘어나고 있다. 노모스 역시 그런 세상의 흐름에 맞는 브랜드다. 장르가 다른 위블로와 노모스가 동시에 21세기의 클래식인 이유다.

21세기까지도
아이콘이 되는 법

루이 비통(Louis Vuitton),
전통과 현재의 용접

루이 비통은 명품 업계에서 가장 유명한 브랜드 중 하나다. 그래서인지 우리는 루이 비통이 사람의 이름이라는 걸 잊는 것 같다. 루이 비통이 2017년 한국 DDP에서 열렸던 전시 '비행하라, 항해하라, 여행하라(Volez, Voguez, Voyagez, 이하 VVV)'의 맨 앞에는 아주 크게 그린 젊은 루이 비통의 초상화가 걸려 있었다. 지금 전 세계로 퍼진 패션 제국이 바로 이 사람으로부터 시작했다는 사실을 강조하는 것처럼.

지금 젊은 루이 비통의 얼굴을 아는 사람은 아무도 없다. 이 그림은 중국 화가 얀 페이밍이 남아 있는 루이 비통의 얼굴을 보고 상상해서 그린 것이다. 이 얼굴 그림이 현대 명품 산업의 본질을 보여준다. 과거를 재료로 신화를 만들어 높은 마진을 붙여 판매하는 것.

루이 비통의 고향은 프랑스의 앙셰(Anchay)다. 파리 동남쪽으로 460킬로미터쯤 떨어진 곳에 있다. 전기 작가 퍼거스 메이슨이 쓴 <비통: 루이 비통 전기>에 따르면 '마을이라고 하기도 어려운 곳'이다. 앙셰는 상업시설이 전혀 없는 산간 벽촌이다. 루이 비통의 교육 수준은 알려져 있지 않으나 퍼거스 메이슨은 루이 비통이 학교 교육을 받지 못했을 거라고 추측한다. 동네에 학교가 없기 때문이다. 심지어 앙셰는 프랑스어도 아닌 프랑스어와 스위스어와 이탈리아어가 섞인 독특한 방언을 쓴다. 그런 곳에서 1821년 루이 비통이 태어났다.

소년 루이 비통은 어디로든 가야 했다. 상황이 좋지 않았다. 당시 프랑스 여성의 기대수명은 30대에 불과했다. 루이 비통의 친모는 루이 비통이 어릴 때 세상을 떠났다. 그의 아버지 자비에르 비통은 금세 다시 결혼했다. 계모는 아들을 챙기지 않았다. 루이 비통 군도 시골을 좋아하지 않았다. 앙세에서 할일이라고는 눈이 잘 녹지도 않는 산속에서의 농업뿐이었다. 소년 루이는 파리로 떠났다. 앙세에서 파리까지의 거리는 약 400킬로미터다. 루이 비통의 전시 자료에 따르면 그가 파리에 도착하는 데에는 2년이 걸렸다.

파리도 급격히 움직이고 있었다. 새로운 계급과 새로운 정치 체계와 새로운 기술이 도시를 꽉 채웠다. 격동기의 대도시에는 일이 많다. 걸어서 1837년 파리에 도착한 산골 소년 루이 비통도 일자리 하나쯤은 구할 수 있었다. 상자 제작이었다. 손님의 수요와 필요와 상황에 맞춰 상자를 만들고 그 안에 맞는 칸막이를 만들어 주는 등의 일이었다. 당시 유럽에서 상자 제작은 기술이 필요한 전문직이었다. 루이 비통은 파리의 상자 제작자 무슈 마레샬 밑으로 들어갔다. 손재주가 좋았는지 그는 금방 자리를 잡았다.

루이 비통의 결정적인 기회는 대형 고객이었다. 프랑스 왕비 유지니에 드 몬티조가 루이 비통을 상자 제작자로 고용했다. 대형 (귀족) 고객은 예나 지금이나 디자이너가 독립하는 데에 아주 큰 도움을 준다. 페낭 출신의 구두공 지미 추는 다이애나 비와의 친분 덕에 명품 업계의 스타가 되었다.

영국의 명품 브랜드는 왕실 인증 마크인 로열 워런트를 자랑스럽게 홍보한다. 하다못해 버질 아블로도 칸예 웨스트와 함께 일한 덕에 유명해졌다. 19세기의 루이 비통도 프랑스 왕비라는 손님을 만나 상류 사회의 손님을 끌어들였다. 1852년 나폴레옹 3세가 즉위하고 1854년 루이 비통은 무슈 마레샬 아래에서 독립했다.

벽촌에서 온 기술자 루이 비통을 성공의 길로 만든 바로 그 가방이 VVV 전시관 맨 앞의 전시품이다. 이 가방의 혁신은 평평한 뚜껑이다. 뚜껑이 평평하다는 것은 여행가방을 쌓기가 편리하다는 의미다. 기존의 가방은 해적 영화의 보물 상자처럼 위가 볼록해서 쌓기가 힘들었다. 궁금증이 남는다. 왜 기존에는 만들기도 힘들었던 아치 뚜껑 여행 가방을 만들었을까? 답은 수납 방식의 변화다. 기존의 상자는 외부 노출을 전제로 만들었다. 비를 맞을 수도 있었다. 아치는 빗물을 흘려보내기 위한 수단이었다. 평평한 뚜껑 상자는 쌓아서 운반할 수 있다는 걸 의미하는 동시에 상자가 비를 맞지 않고 어딘가의 창고 안에서 실려간다는 걸 뜻하기도 했다. 운송수단의 발달이 상자 뚜껑 모양을 바꾼 계기다.

운송수단의 발달은 기술의 발달을 뜻한다. 전시 이름에도 쓰이는 비행과 항해와 여행은 기술 발달의 산물이기도 하다. 산업혁명의 발달로 증기선과 철도와 자동차와 비행기가 개발됐다. 대체로 새로운 기술은 국가 단위의 대규모 프로젝트로 개발돼 부자를 초기 고객으로 모신다. 지금의 우주 여행처럼 증기선 여행도 부의 산물이었다. 루이 비통의 여행 가방이 살아 있는 예다. 루이 비통의 여행 가방에는 손잡이만 있고 바퀴가 없다. 이 가방을 들고 나르는 짐꾼이 있었다는 뜻이다.

루이 비통이 스스로의 뿌리인 여행 가방을 계속 소개하는 건 너무나 당연하다. 럭셔리 브랜드는 비싸 보이는 물건뿐 아니라 부유한 느낌을 만들어야 한다. 여행은 처음부터 부자의 유희였다. 전시는 그 사실을 반복 학습처럼 강조한다. 부스 4B '요트 시대의 도래'가 좋은 예다. 이 전시관에는 당시 여행을 떠나던 여자가 하루에 입던 옷이 모두 전시되어 있다. 열 벌쯤 된다. 기상 상황과 날씨에 따라 계속 옷을 갈아입었기 때문이다. 그 옷을 갈아입기 위해 함께 따라붙었을 하인의 모습은 (당연하겠지만) 이 전시에 전혀 보이지 않는다. 초기 여행의 모습은 그 자체로 호사스러운 일상이며 루이 비통의 가방은 그 일상의 일부였다. 루이 비통은 당시의 인류학적 일상을 전시하는 것만으로 스스로의 이미지를 끌어올린다.

VVV 전시장은 아주 세심하게 설계되었다. 전시장에 들어간 관람객은 먼저 왼쪽에 있는 루이 비통의 얼굴을 보고 오른쪽으로 고개를 돌려 첫 트렁크를 본다. 트렁크를 본 뒤엔 몸을 돌려 다음 전시장으로 들어간다. 루이 비통 트렁크의 재료인 나무를 보여주는 코너다. 진한 나무 냄새 덕분에 초기

비행기 구조물 위에 얹어 둔 가방.
루이 비통이 물건과 여행을 엮는 솜씨.
서울 DDP 루이 비통 전시장. 2017년 6월.

루이 비통의 여행가방을 원목으로 만들었다는 사실을 코로도 느낄 수 있다. 재료를 보여준 다음에는 물건을 보여줄 차례다. 다음 전시장에 각종 클래식 트렁크가 전시되어 있다. 루이 비통의 클래식 트렁크를 다 보고 왼쪽으로 두 번 꺾어 돌면 이 전시의 하이라이트가 나타난다. 여행의 탄생이다.

여행의 탄생 부분은 다섯 가지로 나뉜다. '머나먼 곳으로의 탐험' '요트 시대의 도래' '자동차' '항공' '기차'다. 이 부분은 기술의 발전이 인간의 일상을 어떻게 바꾸었는지에 대한 생생한 기록이다. "당시의 여행 가방은 고급품인 동시에 고기능성 특수 제품이었어요." 전시를 함께 돌아본 이 전시의 큐레이터가 말했다. 비슷한 시기에 대중화되기 시작한 기계식 손목시계 역시 당시에는 첨단 계측기였다. 첨단 계측기를 쓸 수 있는 사람은 귀족이나 군인 등의 고급 직종으로 한정되어 있었다. 한정된 부유층/특권층이 사용했다는 역사 덕분에 기계식 시계는 기능적 장점을 잃었음에도 귀금속으로 다시 포지셔닝할 수 있었다.

루이 비통의 가방도 똑같은 역할을 한다. 여행은 귀족과 부자의 취미였으니 여행 가방 역시 귀족과 부자의 물건이었다. 여행의 탄생 부분을 지나면 나오는 전시품은 여행의 사치스러운 이미지를 증폭시킨다. '부재의 시간' '페인팅 트렁크' '진귀한 트렁크' 코너에서는 루이 비통이 고객의 특수한 요청에 따라 만들어 낸 가방을 볼 수 있다. 대표적인 가방이 르네 짐펠의 그림 가방이다. 르네 짐펠은 유명한 아트 딜러였다. 그는 루이 비통의 대형 트렁크 안에 별도의 액자 케이스를 넣어 다니며 그림을 팔았다. 지금의 펠리칸 케이스 같은 역할을 루이 비통이 한 셈이다.

VVV의 동선은 계속 기억나는 멜로디처럼 유려하다. 세계적인 무대 연출가 로버트 칼슨의 솜씨다. 그는 VVV의 첫 전시인 파리 전시에서의 인터뷰에서 "전시를 한 편의 여정처럼 꾸미고자 했습니다. 또 관람객들이 그 여행을 통해 무언가를 배우는 동시에 영감과 감동을 받게 하고 싶었죠."라고 말했다. <에스콰이어>와의 인터뷰에서는 "이 전시를 세 개의 도시에서 열었는데 한국에서의 전시가 가장 마음에 들어요."라고 말하기도 했다. 으레 하는 말은 아닌 게 이유가 확실했다. "파리나 도쿄에서 열린 이전 전시는 상당히 직선에 가까운 공간에서 진행되었습니다. 하지만 DDP에서는 공간 두, 세 개를 지나면 방향을 꺾고 또 꺾으면서 금세 어느 방향인지 가늠이 되지 않을 정도입니다. 그래서 더욱 흥미로운 여정이 되었습니다." 칼슨의 말처럼 적절하게 꺾이는 동선 덕분에 VVV라는 전시는 미지의 세계로 떠나는 듯한 느낌이 든다.

칼슨의 동선 사이로 루이 비통은 특유의 솜씨를 부린다. VVV 전시에서는 앤티크 트렁크 사이에 끼어 있는 신제품 가방을 계속 볼 수 있다. 초기 트렁크 옆에 마크 제이콥스가 디자인한 트렁크가 놓인다. 전시 말미에는 슈프림의 시뻘건 색을 입힌 트렁크도 있다. 루이 비통은 전시 내내 이런 식으로 스스로의 지금과 루이 비통의 역사를 꿰맨다.

원할머니보쌈의 주인은 원씨가 아니다. 마찬가지로 이제 루이 비통 가문과 베르나르 아르노의 LVMH 사이에는 아무런 상관이 없다. LVMH의 결정권자 중 비통 가문의 직계는 한 명도 없다. 21세기 브랜드 루이 비통은 루이 비통 씨가 만든 초창기 여행의 사치스러운 이미지를 지금의 루이 비통에 조심스럽게 겹친다. 사람들은 칼슨의 동선을 따라 루이 비통의 트렁크를 보며 자연스럽게 이런 이미지를 갖게 된다. '루이 비통이 이렇게 전통적이면서도 혁신적인 브랜드구나' 전통과 혁신이라는 모순된 이미지가 전시의 코너를 돌수록 합쳐진다. 이거야말로 루이 비통을 비롯한 서유럽 명품 브랜드의 월드클래스 원천기술이다. 브랜드에 좋은 이미시 붙이기.

서울에서 열린 VVV 전시는 세계에서 세 번째다. 첫 번째는 파리, 두 번째는 도쿄에서 열렸다. 서울의 VVV 전시는 기존의 전시와 몇 가지 면이 달랐다. 첫째. VVV 전시 역사상 가장 컸다. 볼 수 있는 소장품도 가장 많았다. 둘째. 한국관이 있었다. 결혼함으로 쓴 루이 비통의 가방과 김연아의 스케이트 가방, 윤여정의 메이크업용품 상자 등을 볼 수 있었다. 셋째. 카카오프렌즈와의 협업이다. 카카오프렌즈와 함께 제작한 스티커와 패치 등을 판매했다. 프랑스 본사에서도 이 협업에 굉장히 만족스러워했다고 한다.

루이 비통은 VVV를 통해 현대 사치품에 대한 흥미로운 이야기를 남겼다. 이 전시는 크게 봤을 때 기술이 인간의 삶을 어떻게 바꾸는가에 대한 인류학적 전시였다. 초기 여행에서 루이 비통의 역할을 보여주는 전시이기도 했다. 물론 루이 비통이라는 고가품 브랜드의 아카이브를 보여주는 브랜드 전시였다. 하나 더, 이 전시에는 사람들이 잘 모르는 진귀한 요소가 있었다. 쿠르베의 진품 회화. 2번 섹션 '나무'에, 루이 비통 트렁크 위에 쿠르베의 그림이 걸려 있었다. 이 그림을 보기 위해서라도 몇 번씩 갈 가치가 있었다. 물론 그 그림을 보려면 루이 비통이 전하는 메시지에 한번 더 노출되어야 했다. 비행하라, 항해하라, 여행하라, 루이 비통을 경배하라.

"21세기의 사람들은 옷을
덜 산다"

수년간 패션지 <루엘>의 패션 에디터로 일하셨죠.
패션 에디터 일을 시작한 때부터 지금까지, 스스로가 느끼는
패션계에서의 가장 큰 변화는 무엇일까요?
역시 종이 잡지의 하락세라고 생각해요. 반대로 SNS의
영향력이 커졌어요. 그러면서 사람들의 사고나 취향까지도
변한 것 같아요.

사람들이 패션 정보를 받아들이는 창구가 인쇄된 종이가
아닌 스크린이 되었죠.
스마트폰 화면이죠. 창구가 바뀌니까 미의 기준이나
가치관도 변했어요.

어떻게 바뀌었을까요?
사람들이 생각하는 걸 싫어한다는 생각이 들어요. 전에는
어떤 걸 보고 생각할 거리가 있다는 게 통용됐는데, SNS의
지배력이 커지니까 뭔가를 생각하는 게 지리멸렬하고 쿨하지
못한 게 되었달까요? 어떤 피드를 봤을 때 즉각적으로
피드백을 낼 수 있어야 해요. '예쁘다', '웃기다', 이렇게요.
'실용적이다'도 아닌 것 같고, 예쁘다와 웃기다 둘 중 하나만
남은 것 같아요.

---

*임건. 2012년부터 <루엘>의 패션 에디터로 일하다 2018년 <GQ> 디지털
에디터로 일한다.

'실용적이다'라는 개념은 한 번에 알 수가 없어서일까요?

그렇죠. 그러다 보니 조금 더 쉬운 콘텐츠를 만들어야 한다는
생각이 퍼졌고요. 잡지를 만들다 보니 생긴 고민이 있어요.
SNS에서 구현이 안 되는, 더 생각할 거리가 많은 뭔가를
만들어야 할까? 아니면 그냥 사람들이 SNS를 좋아하니 잡지
콘텐츠도 바로 SNS에 올릴 수 있는 걸 만들어야 할까?
그런 게 일하면서도 고민입니다.

결론을 내셨나요?

결론을 내기도 어렵습니다. 제가 이렇게 고민할 수 있는 잡지
시장이 얼마 안 남은 것 같아서요.

우울하니까 다른 이야기로 넘어가 볼게요.
패션에 관심을 가지기 시작한 후부터 지금까지 가장
인상적이었던 디자이너는 누구였나요?

에디 슬리먼입니다. 가장 좋아하는 디자이너는 아니어도,
가장 흥미로운 디자이너이긴 해요.

21세기 초반 세계에 가장 영향을 많이 미친 디자이너가
에디 슬리먼이라는 거죠?

그렇습니다. 우선 스타 디자이너고요. 저는 디올 옴므 때의
에디 슬리먼이 굉장히 탁월했다고 생각해요. 본인의 캐릭터를
확고하게 밀고 나가서 사람들을 설득시켰어요. 그리고 그건
기존의 하이 패션계에는 없던 장르였고요. 헬무트 랭 하면

떠오르는 옷이 있고 마르탱 마르지엘라 하면 떠오르는 옷이 있죠. 그가 디올 옴므에서 일한 시절에 '에디 슬리먼 하면 떠오르는 옷' 같은 게 좀 생겼어요. 그때 사람들에게 영향을 많이 미쳤다고 생각합니다. 하지만 생 로랑 때는 개인적인 의견이지만 디올 옴므에서 하던 것과 거의 비슷한 테디 보이 룩*을 했어요. 그런데 '생 로랑이라는 큰 브랜드를 저렇게까지 뒤엎고 과격하게 밀고 나갈 수 있나?' 아주 흥미로웠어요. 어디까지 가나 싶었죠. 그런데 그게 또 너무 잘되더라고요.

팔리는 걸 아는 사람일까요? 이를테면 톰 포드처럼?
에디 슬리먼과 톰 포드는 좀 달라요. 톰 포드는 마케터인 것 같지만 에디 슬리먼은 단순 마케터는 아니라는 느낌이 있어요.

혹시 한 명 더 꼽아 주실 수 있나요?
라프 시몬스요. 가장 새로운 걸 했어요. 패션의 속성인 '새롭고 낯선 걸 보여준다'는 측면에서는 라프 시몬스가 가장 탁월하지 않았나 해요. 상업적으로 얼마나 큰 성공을 거뒀는지는 모르겠지만요. 하지만 라프 시몬스는 다른 디자이너에게 영향을 많이 미친 걸로 알고 있어요.

*Teddy Boy Look: 1950년대 영국 젊은이들로부터 시작된 스타일. 과장된 실루엣, 새빌 로 재킷 등이 특징. 50년대 이후에도 비비안 웨스트우드 등에 의해 계속 재해석됐다. 에디 슬리먼 역시 테디 보이 룩을 한번 더 해석했다고 볼 수도.

둘 다 위대한 디자이너지만 바로 지금 가장 각광받는 사람은 아니긴 하네요. 고샤 루브친스키라든지, 뎀나 즈바살리아라든지, 알레산드로 미켈레가 요즘 인기 아닌가요?
고샤는 아예 아닌 것 같아요. 그가 러시아인이 아니었다면 이슈가 되었을까요? 미켈레도 오래갈 성격의 뭔가를 만든 것 같지는 않아요. 그냥 그의 취향이 시장에 먹혔달까요. 라프 시몬스는 자신의 취향을 과격하게 내세운 게 아니라 옷과 패션에 대한 이해가 있었어요.

버질 아블로는 어때요?
기본적으로 재가공인데 그 안에 여러 의미가 있는 것 같아요. 실력은 있는데 그 안에 여러 요인이 있어요. 칸예 웨스트의 크리에이티브 디렉터였고. 아프리칸 아메리칸이라는 포지션도 있고. 거기 더해 재가공을 잘한다는 정도?

후지와라 히로시와 비슷할 수도 있죠.
비슷합니다. 사실 만든 걸 재가공하는 게 저는 그렇게까지 어렵다고는 생각하지 않아요. 새로운 걸 구축하는 것보다는 덜 어렵겠죠. 아까 했던 이야기와도 맞물리지만 버질 아블로가 트렌드인 것 같아요. 버질이 재가공하면 SNS에서 웃고 넘어가는 이슈가 되죠. 그는 사람들 사이에서 이슈를 만들 수 있는 여러 가지 일들을 하고 있어요. 그게 버질 아블로가 중요한 이유죠. 대단한 능력이에요.

나이키 포스를 하나 사서 스우시에 색을 칠하는 건
지금 우리 둘이 신발 하나 사서 할 수도 있는 일이죠.
그런데 그 재가공품을 남들이 갖고 싶어하도록 만드는 게
마법 같은 능력 아닐까요?
버질 아블로가 패션에 큰 영향을 미친다고는 생각하지 않아요.
하지만 이슈를 만든다는 의미에서는 시대와 잘 맞는
인물이에요. 버질 아블로가 이렇게 이슈가 된 건 불과 1, 2년
전이에요. 그런데 이슈를 만들어 내는 부분이 그의 협업
작업에 있지 그가 전개하는 브랜드인 오프 화이트는 아니죠.
오프 화이트라는 브랜드 자체가 버질 아블로의 이슈만큼
사람들에게 탁월하다는 평가를 받고 있는 것 같지는 않아요.

저도 버질 아블로가 시대정신이라고 생각했어요. 패션계의
DJ 칼리드인가 싶기도 해요. DJ 칼리드는 사람들 사이를 계속
이어주고 협업만 시켜줘요. 노래도 남이 만들고 랩도 남이
하고 DJ 칼리드는 노래 앞에서 "디제이 칼리드!" 하고 소리만
지르는 거예요. 그런데 DJ 칼리드의 인스타그램 팔로워가
1천만 명이 넘어요.
역시 사람들이 심각한 걸 좋아하지 않는 것 같네요.

이런 관점에서 20세기 패션과 21세기 패션의 차이점을 말해
볼 수도 있을까요?
탈권위 아닐까요? 예전엔 디자이너는 어디 출신이어야 한다는
규칙이 있었어요. 예를 들어 버버리의 디자이너는 영국

출신이어야 한다는 불문율 같은 게 있었죠. 오래전엔 그게
더 심했던 것 같고요.

그런데 버버리에 이탈리아 디자이너인 리카르도 티시가
왔죠.
왔죠. 예전에는 디자이너를 하려면 어느 패션학과를 나와야
하고, 어느 나라 사람이어야 하고, 좀 큰 하우스로 가려면 어느
정도의 경력이 있어야 하고, 자기 브랜드에서 어느 정도
성과를 냈어야 한다는 게 있었죠.

그 디자이너만의 '시그니처 실루엣'이라는 게 있었죠.
패턴에 대한 이해가 있었다는 이야기였을 거고, 그 패턴이
만든 실루엣으로 사람들의 인정을 받았다는 거겠죠.
디자이너만의 권위가 아니에요. 이건 반쯤 농담이긴 한데,
예전에는 "이게 뭐야?"라고 했을 때 유명 브랜드라면 먹히던
시절이 있었어요. "구찌야." "디올 옴므야."라고 하면 "아 이게
구찌였어?" "아 디올 옴므구나." 하던 거죠. 지금은 그런 것
같지도 않아요. 과거에는 잡지에서 '이걸 사'라고 했으면 곧이
곧대로 받아들이기도 했어요. '이게 쿨해.'라고 하면 그런가
보다 하기도 했고. 지금은 그런 권위도 무너진 것 같아요.

"이게 쿨한 거야."라고 말하는 사람의 종류가 바뀐 건
아닐까요? 아직 누군가를 따라하는 사람이 있고, 그들을
따라오게 만드는 사람들도 있잖아요.

따라오고 따르는 구조가 조금은 수평적으로 변한 것 같아요. 전에는 권위적으로 '이거 쿨하니까 이거 해.' '이건 구리니까 하지 마.' 같은 느낌이었죠. 대신 지금은 쿨한 사람이 뭔가 쿨하다고 선언하는 게 아니라 그 사람의 팔로워 수가 그의 메시지를 간접적으로 전한달까요? 시장도 소비자 중심으로 드라이브가 걸린 것 같아요.

조금만 더 설명해 주실 수 있나요?
예전에는 패션 에디터나 편집 매장 바이어 같은 사람들의 이야기가 솔깃하고 영향력이 있었어요. 지금은 그런 게 전혀 없죠. 에디터뿐 아니라 바이어의 이야기도 귀담아듣지 않는 것 같아요.

혹시 이렇게 생각할 수도 있나요? 로컬 에디터와 로컬 바이어의 말이 더 이상 안 먹히는 거예요. 사람들이 바로 엔드 클로딩이나 미스터 포터 같은 인터넷 쇼핑몰의 상품과 콘텐츠를 볼 수 있으니까요. 전 세계로 메시지를 뿌리는 사람들의 패션 메시지를 바로 전달 받을 수 있게 됐잖아요. 메시지 자체를 싫어하는 것 같아요. 엔드 클로딩이 뭔가를 바잉해 홈페이지에 올린다면 그건 쿨한 거예요. 하지만 엔드 클로딩 자체에서 '이게 멋있다'라는 콘텐츠를 만들어서 이야기하지는 않죠.

하지만 이야기하지 않을 뿐 보여주기는 하잖아요.

그게 핵심 같아요. 보여줘서 판단을 누가 하게 하느냐.

판단의 주체가 누구인지에 대한 이야기가 아니라 판단의
주체가 누구냐는 '기분'을 주는 것에 대한 이야기일 수도
있겠군요.
커뮤니케이션의 흐름이 완전히 무너진 건 아니지만 조금씩
변하고 있달까요.

그렇네요. 반면 패션 트렌드를 이끄는 나라나 문화권은
여전한 것 같아요.
그건 변할 수 없어요. 어쨌든 패션을 이끌려면 저는 크게
두 가지가 충족되어야 한다고 봐요. 일단은 경제가 어느 정도
수준으로 올라와야 해요. 둘째로는 자연환경이 받쳐 줘야
합니다.

자연환경? 기후?
기후가 중요합니다. 기후는 패션의 가장 큰 변수입니다.
사계절 내내 여름인 곳에서 온 디자이너가 코트를 만든다고
생각해 볼게요. 그 디자이너가 어려서부터 유학을 가서
사계절이 있는 나라에서 크지 않은 이상 대표적인
디자이너가 되기는 어려울 것 같아요.

한정된 위도의 잘 사는 나라가 앞으로도 패션을 이끌겠군요.
아무래도 그렇겠죠. 그리고 사실 패션엔 잉여적인 측면이

있어요. 먹고살 만해야 하는 거예요. 그런 면에서 경제뿐
아니라 사회와 정치 이슈도 별로 없어야 해요. 그런 면에서
중동은 탈락입니다. 기후에서 아프리카와 동남아 탈락.
너무 추운 지역 탈락. 그러면 남는 북반구 국가 중 잘 먹고
잘 살았던 나라. 서유럽이죠. 북미도 2차 세계대전이 끝난 지
70년이 넘었지만 아직 패션에서는 서유럽만큼의 영향력을
미치지 못하죠. 미국 패션은 사실상 전쟁이 끝나고 나서부터가
시작이니까.

호주나 북유럽은 어떨까요?
호주나 북유럽, 그리고 미국까지 포함해서 좀 '덜하다'고
느껴지는 기질이 있어요. 패션은 기본적으로 깍쟁이 기질이 좀
있어야 하는 것 같아요. '나 오늘 존나 잘 입었는데'라는 일종의
과시가 있어야 해요. 그 기질이 미국이나 북유럽, 호주
사람들에게는 조금 덜한 것 같아요.

'나 오늘 존나 잘 입었어'를 하려면 인구밀도도 높아야겠네요.
그렇죠. 첫째로 보여줄 사람이 있어야 합니다. 그리고 취미 등
다른 데에 한눈 팔 것이 좀 덜 해야 해요. 그러니까 덴마크처럼
실용적인 노선을 타는 나라들은 패션 트렌드에서 빠지게 되죠.

그렇게 치면 한국에서도 뭔가 나올 수 있겠네요. 평화롭고,
양극화는 심하지만 아무튼 부유층이 있고. 사계절도 있고.
인구밀도도 높고. 서로 구경도 엄청 많이 하고.

그래서 전 세계에서 유행의 주기가 제일 빠른 나라가
한국이에요. 서울 이야기긴 하지만 한국은 서울의 유행이
거의 나라 전체의 유행을 대변하기도 하죠.

21세기의 사회적, 경제적 상황이 패션에 미치는 영향도
있을까요?
높은 땅값이 물리적인 매장을 없앨 거고, 낮은 경제성장률이
브랜드를 침체시킬 것 같아요.

저는 땅값이 올라가는 만큼 사람들에게 옷장이라는
저장공간이 줄어들어서 옷을 덜 살 것 같다고도 생각했어요.
저장공간이 줄어서 옷을 덜 사니 패션은 사양산업이라는
가설과 맞물리죠. 그리고 패션의 핵심은 누군가에게
보여주는 거예요. 그 안에 숨은 뜻은 결국 취향이고요. 나의
취향을 보여주는 건 나의 취향과 부를 보여주는 거예요.
그런데 이제 SNS 때문에 더 이상 취향과 부를 옷으로만
보여줄 필요가 없게 됐어요. 오히려 옷으로 보여주는 게 조금
더 얕은 수처럼 느껴지기 시작했어요.

그럼 요즘 세상의 취향과 부는 뭘로 보여주나요?
집으로 보여주더라고요. 집에 내가 뭘 샀다. 발뮤다
공기청정기를, 다이슨 선풍기를 샀다. 부와 취향을 보여줄 수
있는 채널이 너무 다양해져서, 굳이 내가 뭔가 입고
돌아다니지 않아도 내가 얼마나 부자이고 취향이 좋은지

보여줄 수 있는 방법이 너무 많아졌어요. 그런 면에서 패션이
사양산업이라는 생각이 들어요.

일리가 있는 듯해요. 고급 공기청정기가 100만 원쯤 하는데,
그 정도면 좋은 품질의 간절기 아우터 가격과 겹치네요.
<블룸버그>에서 가계경제 소비성향을 추적한 적이 있어요.
40년 전에는 가계지출 중 의류 구매가 6.2퍼센트였는데
지금은 3.1퍼센트예요. 딱 반으로 떨어졌죠. 그 돈은 다 어디로
갔냐면, 첫째, 먹는 데로 갔어요. 그다음에 테크 제품 소비로
이어졌어요. 그리고 여행을 다니고요. 저는 이게 다 기술의
발달 때문이라고 봐요. 여행을 많이 가게 된 이유 역시 기술과
큰 상관이 있어요. 우리의 삶이 나아지기도 했지만 비행기
티켓을 끊고 호텔을 예약하는 게 아주 쉬워졌어요. 외식이
늘어난 이유도 먹고살기 좋아서이기도 하지만 어디 뭐가
있는지를 찾아보는 게 너무 편해져서이기도 해요.

그렇네요. 위치정보와 평판을 알기가 아주 쉬워졌죠.
위치와 평판이 식당이나 여행에서 굉장히 중요한데 말이죠.
소비생활은 한정된 내 월급으로 투자를 하는 건데, 이런
상황에선 당연히 옷이 줄어들 수밖에 없어요.

이런 상황에 놓인 패션 업계를 패션 에디터인 본인은 어떻게
바라보고 있습니까?
사양산업이라고 생각합니다. 명백히요.

'사양'에도 여러 의미가 있겠죠. 성장세가 줄어든다, 시장
자체가 작아진다, 아니면 시장 안에 인재가 줄어들어서
재미있는 일이 덜 일어난다, 어떤 걸까요?

복합적이에요. 수익을 내기 위한 비용이 너무 커졌습니다.
예를 들어 한국의 경우 연간 매출이 70억 원 정도 하는
브랜드라도 순이익은 낮다고 해요. 연간 매출이 70억 원이면
잘된 거지만 인건비와 경비 지출하고 다음 시즌을 위해
규모를 키우면 순이익이 별로 없다는 거죠. 시장에서 수익이
나려면 품목당 1만 장은 판매되어야 하는데 그런 규모의
경제를 유지하기 쉽지 않겠죠. 패션 시장이 낙관적인
핑크빛이 아니에요. 거기 더해서 양극화도 심해질 것 같아요.
비싼 브랜드는 어찌 됐든 희소성이라는 가치가 있죠. 저렴한
브랜드에는 가격대 성능비라는 가치가 있고요. 그 두 경향이
점점 더 강조될 거예요.

아주 싼 것과 아주 비싼 것만 남는다.

이미 그렇게 됐고, 점점 더 그렇게 되겠죠.

좋은 재봉이나 소재로 승부하는 소소한 브랜드는 살아남기
어려울까요?

그런 브랜드가 생존하는 건 일본에서나 가능할 것 같고,
일본도 앞으로는 쉽지 않을 거고요. 한국이 일본 시장을
따라간다고도 하지만 한국과 일본은 전혀 다른 시장이에요.

소소하지만 품질 좋은 브랜드가 SNS 덕에 많이 생길 수도 있지만 유지하기는 쉽지 않을 거예요.

그러면, 보통 사람들은 어떤 옷을 입어야 할까요? 유니클로?

자라는 안 됩니까?
안 되죠. 아주 비싼 옷을 살 수 있는 경제력이 뒷받침되지 않는다면 어중간한 가격대의 옷을 사는 건 별로 도움이 안 돼요. 옷의 일반화가 어려운 건 모두의 기준이 다 다르기 때문이에요. 기본적인 품질만 보면 유니클로를 사면 되고, 남들과 다른 걸 원한다면 스트리트 브랜드나 아크네 같은 디자이너 브랜드로 넘어가야겠죠. 그런데 사실 그런 옷일수록 유행의 주기가 빠른데 SNS 때문에 유행 주기가 더 빨라질 거예요. 유니클로 같은 옷은 사 놓고 다음 시즌에 못 입어도 큰 부담이 없어요. 다음 시즌에 못 입을 옷도 별로 없고요.

다만 우리가 한때 좋아하던 고전적인 방식으로 짠 100퍼센트 면 티셔츠의 감촉 같은 건 이제 점점 느끼기 힘들어지겠네요. 쉽지는 않을 것 같아요.

3장. 불경기의 브랜딩

Hej!　이야기로 포장된
　　　효율성

이케아(Ikea)의 십계

"우리는 디자인이 아름답고 기능이 뛰어난 가구와 집기들을 가능한 한 많은 사람들이 구매할 수 있도록 저렴한 가격으로 제공할 필요가 있다. (중략) 오늘날 진정한 이케아 정신을 이루는 것은 우리의 행동 욕구, 노동의 기쁨, (중략) 도전의 자세, 비용 절감 의식, 책임 의식, 해결해야 할 과제에 대한 집중력, 함께 뭉쳐 나아가는 똑바른 길이다. (중략) 노동의 기쁨이 없다면 인생의 1/3이 사라지고 만다. 일할 시간에 책상 서랍 속에 넣어 놓고 들여다보는 연애 잡지가 이런 손실을 보충해 줄 수는 없다. 사람의 행복은 목표에 이르는 것에 있지 않다. 행복은 과정에 있다. (중략) 목표에 도달했다고 믿는 기업은 순식간에 정체에 빠지고 생명력을 잃어버리게 마련이다. 다행히도 이케아는 그럴 일이 없다. 아직 해야 할 일이 많기 때문이다. 우리 앞에 놓인 놀라운 미래를 위해!"

사장님 훈화 말씀과 <시크릿> 같은 자기계발서가 섞인 듯한 이 글의 제목은 '어느 가구 판매상의 유언'이다. 약 40여 년 전의 글이고 딱히 재미있는 요소나 놀라운 통찰이 들어 있지도 않다. 하지만 이 글 안에는 오늘날의 이케아를 이루는 모든 것이 들어 있다. 지금의 이케아는 이 이야기로부터 시작됐다. 이케아판 '십계'라고 봐도 된다. 실제로 이케아가 종교에 비교될 때도 있다. 이케아의 카탈로그는 1년에 2억 부 정도 발행된다. 성경보다 많은 발행부수다.

이 글은 매거진 <B>의 의뢰를 받고 쓴 글이다. 이 잡지에 소개된 영광을 누린 브랜드에는 확연한 공통점이 하나 있다. 대부분 프리미엄 브랜드라는 점, 그중에서도 굳이 나누면 니치 프리미엄 브랜드라는 점이다. 앞으로는 어떻게 될지 모르지만 적어도 지금까지 매거진 <B>가 소개했던 브랜드는 조금 덜 알려져 있었는데 알고 보면 고급스러운 브랜드가 많았다. 가격이 많이 비싸지 않다고 해도 그건 엄연한 21세기의 사치품이다. 그 사치가 물질적인 방향인지 정신적인 방향인지의 문제일 뿐이다.

프리미엄 브랜드는 같은 가치나 기능을 가진 다른 브랜드에 비해 비싸다. 비싼 물건을 판매하기 위해 가장 필요한 건 무엇일까? 디자인? 소재? 기술? 희소성? 맞지만 본질적인 답은 아니다. 프리미엄 제품이 팔리는 가장 근본적인 조건은 정당성이다. 앞서 말한 모든 요소는 '다른 것보다 비싸다 해도 나는 저걸 사야겠다'는 정당성이라는 구조를 이루는 부품이다. 물건의 이야기도 프리미엄 전략의 일부다. 파타고니아는 노동자의 인권과 지구의 지속가능성을 생각하기 때문에 비싸다. 화요는 보통 소주보다 더 치밀하고 엄격한 제조 과정을 거치기 때문에 비싸다. 이런 식이다.

이케아는 정반대다. 프리미엄 니치 브랜드가 아니라 울트라 매스 브랜드다. 반면 이케아의 낮은 가격에 비해 이케아의 이미지는 높다. '더 많은 사람들이 더 좋은 물건을 가져야 한다'는 어느 가구 판매상의 유언 같은 글 때문이다. 스웨덴식 사회민주주의를 기업에 투영시킨 듯 깨끗한 이미지 때문이기도 하다. 프리미엄 브랜드에서 보았듯 이야기는 물건의 약점을 정당화시킬 수 있다. 프리미엄 브랜드는 높은 가격이라는 약점을 정당화시키기 위해 이야기를 사용했다. 이케아는 반대다. 물건의 싼 가격과 고객의 불편을 정당화시키기 위해 이야기를 활용한다. 북유럽의 마법사가 부리는 듯한 이케아 매직이다.

이케아는 현대 브랜드의 경전과도 같다. 아마존이나 구글의 사례가 그렇듯 모든 브랜드는 이케아를 참고할 여지가 있다. 고가 브랜드든, 저가 브랜드든, 다국적으로 브랜드 이미지를 만들어서 뿌리는 초대형 브랜드든, 딱 한 군데에서만 파는 니치 브랜드든, 자동차 브랜드 미니(Mini)처럼 특정 국가와 완전히 붙어 있는 브랜드든, 마스터카드처럼 어떤 국가와도 붙어있지 않은 브랜드든, 이케아를 들여다볼수록 이 놀라운 브랜드는 당신에게 교훈을 줄 수 있다. 이케아 쇼룸에 일상생활을 위한 모든 것이 있듯이.

　이케아 쇼룸에 있는 모든 물건엔 아주 확실한 공통점이 있다. 1)저렴한 가격 2)가격에 비하면 높은 이미지다. 모순적이다. 투수 두 명을 마운드에 올릴 수 없는 것처럼 저 둘은 함께 세울 수 없다. 그런데 모든 톱 클래스 브랜드 안에는 논리 구조로 봤을 때 같이 세워두기 어려운 개념이 있다. 감성적인 디자인과 첨단 기계인 컴퓨터라는 요소를 함께 만족시킨 애플이 대표적인 예다. 훌륭한 브랜드는 스스로 모순적인 과제를 만들고 그 모순을 충족시키며 경쟁자가 따라갈 수 없는 자리에 오른다. 이케아도 저렴한 가격과 프리미엄 이미지라는 두 숙제를 동시에 해낸다.

이케아의 가격 매니지먼트와 이미지 매니지먼트라는 대분류는 또 각자의 소분류로 나뉠 수 있다. 가격 매니지먼트를 위해 필요한 건 a)극한의 효율과 b)소비자에게로의 아웃소싱이다. 이미지 매니지먼트를 위해서는 c)이케아 특유의 민주주의적 디자인, 그리고 d)스웨덴이라는 국가 정체성의 적극적인 활용이 필요하다. 이 네 가지 요소는 편의상 나누었을 뿐 이케아라는 브랜드 조직 안에서 굉장히 유기적으로 섞이고 있다.

지금의 이케아는 이 모든 요소를 천천히 쌓아올린 후 전 세계로 퍼뜨린다. 저렴한 가격과 프리미엄 이미지의 동시 구현이라는 숙제를 마치기 위해 아주 복잡한 구조를 짜고 그 구조에 입각한 상업 모델을 전 지구적으로 운용한다. 그 엄청나게 복잡한 매니지먼트가 이케아의 진짜 백미다. 하지만 가톨릭이 전 세계적으로 퍼졌더라도 십계는 하나뿐이듯, 이케아의 복잡한 매니지먼트가 전 세계로 퍼져 나간다 해도 이케아의 십계는 하나뿐이다. 그게 '어느 가구 판매상의 유언'이다.

어느 가구 판매상의 유언을 쓴 사람은 말 그대로 어느 가구 판매상이다. 그의 이름은 잉바르 캄프라드. 그는 직접 1973년부터 1974년까지 2년에 걸쳐 어느 가구 판매상의 유언을 썼다. 창립자인 캄프라드 자신이 회사의 머리말을 직접 쓴 셈이다. 여러모로 이케아라는 종교의 교주와 비슷하다고 볼 수 있다.

교주나 리더가 되려면 몇 가지 자질이 필요하다. 굉장한 능력이나 카리스마는 기본이다. 거기에 더해 진짜 강력한 리더가 되기 위해서는 이야기를 만들 줄 아는 능력이 필요하다. 물론 이야기는 본질이 아니다. 자신의 메시지를 전달하기 위한 수단일 뿐이다. 그런데 능력과 카리스마가 있는 사람이 이야기를 만들 수 있다면 그 리더는 이야기를 통해 자신이 가진 본질적인 모순을 꿰매거나 숨길 수 있다. 이야기를 통해 사람들을 정서적으로 고양시키고 양을 치듯 한 방향으로 몰고 갈 수도 있다. 이야기를 통해서 자기가 그리는 세상을 묘사하고, 그 이야기를 퍼뜨리며 자신이 생각하는 세계의 모양을 빚어 나갈 수 있다.

초기의 이케아가 스웨덴에서 세를 키우고 유럽에 나갈 때가 바로 그랬다. 이케아는 늘 저렴한 가격과 가격에 비해 높은 품질을 내세우며 경쟁자보다 우위에 섰다. 그런 면에서 초기 이케아는 지금의 우버와 비슷한 면이 있었다. 저렴한 가격으로 눈길을 끈다. 기존 시장의 경쟁자는 무시하고 눈에 띌 정도로 낮은 가격으로 소비자에게 바로 다가간다. 그렇기 때문에 저렴한 가격은 예나 지금이나 이케아 브랜드의 선봉이다.

그 가격을 구현하기 위해 이케아는 처음부터 역발상을 서슴지 않았다. 이케아는 원가를 낮추기 위해 아주 이른 시기부터 해외 생산을 도입했다. 1970년대 이케아는 공산주의 국가인 폴란드에 생산공장을 차렸다. 낮은 가격을 유지하기 위해서였다. 그뿐 아니라 시장 질서를 무너뜨리는 이케아에게 스웨덴의 다른 기업들이 생산을 거부해서였기도 했다. 하지만 캄프라드에게 위기는 늘 기회였다. 그는 이 참에 인건비가 더 저렴한 폴란드 등의 동구권 국가로 생산기지를 옮겨 버렸다. 폴란드의 생산력을 높이려면 스웨덴에서 가구 제작 기계를 밀반입해 와야 했지만 그런 건 상관 없었다. 공산권에서 생산한 물건을 독일이나 스웨덴 등의 민주주의 국가에서 판매하는 것도 상관없었다. "수많은 스웨덴 주택들은 폴란드의 가구를 이용하고 있었습니다. 고객은 그것을 몰랐지만 말입니다."라고 말한 사람은 캄프라드의 전기를 쓴 작가 토레쿨이다.

이른바 '브랜드 스토리'를 이케아처럼 확실하게 활용하는 기업은 없다. 사실 이케아의 처음과 지금은 완전히 다르다. 이케아는 가구로 시작하지 않았다. 통신판매가 이케아의 최초 비즈니스다. 하다 보니 가구가 잘된 것이다. 잉바르 캄프라드가 더 좋은 세상을 만들기 위해 이케아를 만든 것도 아니다. 잉바르 캄프라드의 롤모델은 그가 어릴 때 스웨덴 최고의 부자였던 성냥왕 크뤼거였다. 그는 부자가 되고 싶었던 시골 소년일 뿐이었다. 그는 사유가 깊지도 않았다. 그는 성공한 후에 나치를 지원했다는 일이 밝혀져 큰 곤욕을 치렀다. 처음부터 검소하지도 않았다. 이코노미 클래스만 탄다는 지금 일화와는 달리 젊은 캄프라드는 성공하고 나서 포르쉐를 샀다. 로고 색마저 지금과 다르다. 그 자체로 스웨덴인 듯한 이케아의 로고는 1983년에 만들어졌다.

상관없다. 상관없다는 사실이 가장 중요하다. 이케아를 비롯해 기존 시장을 붕괴시키고 1위가 된 브랜드는 모두 자신을 정당화하는 신화를 갖고 있다. 애플, 구글, 에어비앤비, 나이키, 롤렉스는 모두 각자의 이야기를 갖고 있다. 그들은 각자의 비전을 따라 세상을 더 나은 곳으로 만들거나 물건을 산 소비자를 더 나은 사람으로 만들어 준다. 이케아는 그 이야기를 가장 잘 활용하는 브랜드다.

이야기는 성공의 포장지에 불과하다. 브랜드의 이야기와 철학이 중요하지만 그게 실물세계에서의 비즈니스보다 중요하다고 과대평가될 수는 없다. 리더에게 실력과 이야기 능력이 동시에 있어야 하듯, 브랜드 스토리가 기능을 발휘하기 위해서는 기업 자체에 확실한 실력이 있어야 한다. 이케아는 실력 면에서도 굉장히 능숙한 동시에 창의적이다.

이케아가 만들어 낸 진짜 혁신은 가격을 낮춘 동시에 최대한 높은 품질을 만들어 내는 여러 가지 방법이다. 이케아에서 10년 동안 CEO를 한 앤더스 달빅이 회고록에서 가장 여러 차례 강조한 건 가격이다. 낮은 가격. 무조건 낮은 가격이 이케아에서는 가장 중요하다. 그가 이케아에서 가장 중요한 부서로 꼽은 곳 중 가장 먼저 말한 부서는 디자인이나 유통이 아니다. 구매다. 구매부서가 원가와 가장 밀접하게 닿아 있다.

이케아가 종교라면 사람들이 이케아를 믿도록 만드는 가장 큰 교리는 단연 낮은 가격이다. 이케아는 이 부분을 구현하기 위해 모든 부분에서 천재적인 노력을 아끼지 않는다. 리모와나 롤렉스에는 모든 부분에 브랜드의 의도와 고민이 들어가 있다. 이케아의 모든 가구에도 모든 부분에 브랜드의 의도와 고민이 들어 있다. 전자가 품질과 부가가치를 높이기 위한 고민이리면 후자는 가격을 낮추면서도 품질을 덜 낮추기 위한 고민이다. 설계, 생산, 물류, 포장, 운송, 조립까지, 모든 소비자가 사용하는 모든 물건에 한 푼이라도 가격을 깎으려는 이케아의 노력이 들어 있다.

이케아의 천재적인 가격인하 전략은 제품 하나를 놓고 보면 더욱 잘 드러난다. 이케아의 49,000원짜리 원목 침대 피엘세 싱글 사이즈(90×200센티미터)를 사러 이케아 광명점에 간다고 가정해 보자. 우선 카탈로그에서 그 침대를 본다. 49,000원짜리 원목 침대라니 눈길이 간다. 쇼룸에서 그 침대를 본다. 피엘세 싱글 사이즈에는 코팅이나 붓질이 전혀 되어 있지 않다. 보통 원목 가구라면 오일 스테인 등을 발라 표면을 마무리하지만 이케아 피엘세 싱글 사이즈는 정말 원목이다. 아무튼 원목은 원목이니 틀린 말은 아니다. 사기로 한다. 1층으로 내려가 창고형 매장에 물건을 찾으러 간다. 상자속의 물건은 쇼룸에서 보던 것보다 훨씬 작다. 이케아의 플랫팩 정책 때문이다. 실제로 제품 규격과 패키지 규격 차이는 굉장히 크다. 피엘세 싱글 사이즈의 제품 크기는 207(길이)×97(폭)×80(높이)이다. 반면 패키지 크기는 204×12×25다. 그걸 카트에 담아서 계산대까지 밀고 간 후 그 카트째로 엘리베이터까지 내려가 차에 싣고 집으로 돌아와 조립했을 때에야 당신이 쇼룸에서 산 그 가구가 만들어져 있다. 생각해보면 제품을 보러 가서 사기로 결정하고 계산대까지 가져가서 구매하고 집으로 운반해서 옮긴 후 조립한 건 모두 당신이다. 이케아 가구라는 완성품은 이케아가 판매하는 재료와 고객의 시간과 노력이라는 자원의 합이라고 봐야 한다.

여기에 이케아식 가격 정책의 백미가 들어 있다. 유럽 저가항공의 가격 안에는 추가수하물 가격은 물론 물값까지 빠져 있다. 마찬가지로 카탈로그 속에서 보이는 이케아의 가격에는 '가장 작은 부피로 포장된 재료'라는 아주 기본적인 요소만 들어 있다. 고객이 거기서 완성된 제품을 가지려면 방법은 두 가지다. 내 시간과 노력을 들이거나, 아니면 배달 서비스나 조립대행 서비스 등을 이용해 남의 노력과 시간을 내 돈을 주고 사거나. 그러한 추가 가치를 지불해야 이케아 가구라는 완제품을 갖게 된다. 이케아는 가구를 둘러싼 모든 요소를 최대한 아웃소싱하며 가격을 낮추는 데 성공했다. 어떻게 이럴 수 있었을까? 앤더스 달빅은 회고록에서 이 말을 아주 간단하게 요약했다. "고객은 돈보다 시간이 많다."

공격적인 가격 정책 뒤에는 이처럼 약간의 불편한 점들

이 생기게 된다. 이케아는 매장 직원의 수까지 최소화시켰다. 매장 직원의 역할은 테마파크의 안내원처럼 제품의 정보를 알려주는 데에서 끝난다. 그 가구를 가져가서 사려면 모두 개별 고객의 탐색과 근력이 필요하다. 이러한 불편 요소는 분명히 다른 브랜드나 고객에게 공격당할 대상이 될 수 있다. 이 틈새를 수비하는 것이 스토리텔링이다. '이러이러하기 때문에 가격이 싸므로 우리는 최대한의 제품을 공급할 수 있습니다'라는 것이다. 여기서도 어느 가구상의 유언이 그대로 반복된다. 아름답고 뛰어난 가구와 집기를 가능한 한 여러 사람이 살 수 있도록 하는 것.

이케아 디자인의 근간인 민주적 디자인(데모크라틱 디자인)이라는 개념도 중요하다. 민주적 디자인은 소비자에게 편안하고 합리적인 디자인을 말하는 것만이 아니다. 이케아에서 말하는 민주적 디자인의 5요소가 있다. 마지막 요소가 가격이다. 이케아는 물건을 만들 때 기획과 설계 단계에서부터 단가 상한선을 맞추고 디자인을 시작한다. 아무리 좋은 물건이라도 처음에 정한 단가를 넘어서면 생산조차 되지 않는다. 여기서 이케아 디자인의 천재성이 피어난다. 생산이 쉬우면서도 좋은 재료를 쓰고, 조립이 쉬우면서도 부피가 크지 않고, 게다가 그 조립법을 그림으로 다 보여줄 수 있는 건 보통 능력이 아니다. 이케아 이전에는 철제 캐비닛은 소비자가 조립할 수 있는 물건이 아니었다. 소비자도 조립할 수 있을 정도로 조립법이 간단한 설계 구조를 구현했다는 게 이케아의 첫 번째 천재성이다. 가격이 낮으면 자사 물건이 잘 팔리니까 스스로에게 좋은 건데, 그걸 더 나은 세상에 일조한다거나 민주주의적이라고 하며 의미를 부풀리는 게 두 번째 천재성이다.

여기 더해 스웨덴이라는 만능 소스 같은 개념이 등장한다. 스웨덴이라는 정체성은 이케아의 프리미엄 이미지를 완성시키는 마법의 주문이다. 이케아가 스웨덴이라는 옷을 입는 순간 여러 가지 이미지들이 이케아와 함께 자석처럼 달라붙는다. 볼보, 북유럽식 사회민주주의, 아크네, 합리적이면서도 검소하면서도 튼튼하면서도 안목이 높으면서도 겸손한 사람들. 이케아는 북유럽의 신비한 국가와 자신의 브랜드 이미지를 붙이기 위한 노력도 아끼지 않는다. 대표적인 게 스웨덴 국기 색에 맞춰 1983년 바꿔 버린 로고의 색이다. 거기 더해 이케아는 한국 매장에서 팔리지 않을 게 뻔한 스웨덴 바닷가재와 바닷가의 모래처럼 퍽퍽한 스웨덴 쿠키를 판매한다. 그 스웨덴 쿠키는 늘 잘 팔리지 않아서 반값으로 할인되곤 하지만 이건 스웨덴 정체성이라는 가치를 얻기위해 이케아가 버릴 수 없는 부분이다.

흥미롭게도 초기 이케아는 스웨덴을 부정하고 도망가면서 성장했다. 캄프라드는 스웨덴 가구업계의 보이콧 때문에 폴란드에서 가구를 생산했다. 그는 포르쉐를 탄 부자였기 때문에 최대 85퍼센트까지 적용되는 스웨덴의 세율에 직격탄

을 맞았다. 그는 세금을 피해 프랑스를 떠나려 했던 LVMH
의 베르나르 아르노처럼 스웨덴을 떠나 덴마크로 넘어간 후
스위스에 정착했다. '어느 가구 판매상의 유언' 역시 그가 조
세혜택을 받으려 스웨덴을 떠날 때 직원들을 결집시키기 위
해 쓴 글이다. 지금도 이케아의 각 부문별 회사는 유럽 곳곳
에 흩어져 있다. 이케아의 상표권과 체인점 사업권은 네덜
란드에 있고 디자인 센터는 스웨덴에 있으며 대부분의 아웃
소싱 업체들은 아시아나 동유럽 등의 저임금 국가에 있다.
스웨덴은 매출 규모로 봐도 6퍼센트 정도에 불과해 이케아
의 주 시장도 아니다. <이케아>를 쓴 사라 크리스토페르손
이 책에서 쓴 말처럼 "기업 구조를 보면 이케아는 스웨덴 기
업이라고 하기 어렵"다.

하지만 장기이식이나 피부이식처럼 유럽 브랜드의 이미
지 이식은 아주 흔한 일이다. 말만 되면 어떤 이미지든 끌어
올 수 있는 게 브랜드 스토리텔링의 마술적인 신비다. 인류
최고의 스포츠 마케팅 축제인 올림픽은 프랑스의 쿠베르탱
이 만들었다. 그는 국민에게 체육교육이 중요하다고 생각해
당시는 본토에서도 없어졌던 그리스의 2000년 전 전통을 가
져왔다. 프랑스인 쿠베르탱이 만든 IOC는 이런저런 계산 끝
에 본사마저 스위스 로잔으로 옮겨 버렸다. 그리스의 전통
이 파리에서 다시 태어나 스위스에서 집행되고 있는 것이
다. 몰스킨을 만든 밀라노의 마리아 세브레곤디는 몰스킨
공책을 등장시킨 소설가 브루스 채트윈의 책을 읽은 일개

독자일 뿐이었다. 온갖 곳에 유니언 잭을 달고 출시되는 미니도 BMW와 프레임을 공유하는 사실상 BMW의 서브 브랜드다. 이케아가 스웨덴 이미지를 가져다 쓰는 건 자기 마음이다. 상기한 예에 비하면 이케아와 스웨덴의 유사성은 굉장히 높다고 봐도 될 정도다.

일관적인 이미지 정책에도 약점은 있다. 일관성이 지켜지려면 엄격한 내부 정책을 유지해야 한다. 롤렉스는 세일을 하지 않고 롤렉스 CEO는 전 세계의 어느 매체와도 인터뷰를 하지 않는다. 에르메스의 버킨은 사기 어렵고 그건 전 세계 어느 매장에서나 마찬가지다. 그런데 보통은 비싸면서도 독보적인 브랜드만이 교도관처럼 냉엄한 브랜드 규칙을 적용할 수 있다. 이케아의 가장 큰 매력은 최대한 많은 손님을 끌어들이는 낮은 가격이다. 소비자의 친구이자 민주주의적 디자인의 수호자 이케아는 그렇게 도도하게 굴 수 없다. 어떻게 해야 할까? 여기에서 이케아 전략의 백미가 다시 한번 드러난다.

이케아는 큰 브랜드 가치를 유지하는 동시에 국가별로 미묘하게 변주를 주고 있다. 이것이 가치 프리미엄 브랜드인 롤렉스와 이미지 프리미엄 브랜드 이케아와의 가장 큰 차이다. 이케아는 해당 국가의 소득과 성격 등에 맞춰서 미묘하게 브랜드 이미지를 바꾼다. 스위스에서는 사람들이 많이 다니는 취리히 역 바로 앞 반호프슈트라에세에 쇼룸을 운영한다. 한국에서는 다른 나라와 달리 아이가 전면에 나오는 광고 이미지를 홍보한다. 카탈로그에 들어가는 이미지도 조금씩 다르다. 사우디아라비아판에선 잠옷을 입은 여자가 삭제된다. 코카콜라나 맥도날드 같은 글로벌 기업이 국가별로 조금씩 변주를 준다. 하지만 글로벌 식음료기업과 이케아의 결정적인 차이는 물건 그 자체다. 코카콜라와 맥도날드는 국가별로 메뉴와 맛이 조금씩 다르다. 반면 이케아의 물건은 거의 다 비슷하다. 당연히 이케아 방식이 더 효율적이다.

말은 간단하지만 이케아는 엄청나게 복잡한 모델이다. 기업 이미지를 만드는 회사와 제품 디자인을 하는 회사와 재무 회사와 이를 소유한 재단이 다 다른 국가에 있다. 디자인 회사의 설계도를 받아 실 제품을 생산하는 회사는 전 세계의 국가(주로 저임금 지역)에 퍼져 있다. 극한의 효율적 디자인 규칙을 통과해 만들어진 물건들이 컨테이너에 가득 실려 전 세계로 뻗어 나간다. 이케아는 특정 목적지를 오가는 컨테이너의 빈 공간 비율까지 계산한다. 중국에서 유럽으로 나가는 컨테이너는 꽉 채워 보낼 수 있지만 유럽에서 중국으로 들어올 때의 컨테이너는 빈 공간이 많다. 이러면 물류 소진 효율에 차이가 생기니 손해다. 이케아가 실제로 신경 쓰는 부분은 이런 부분이다.

반면 사람들의 눈에 보이는 이케아는 민주주의적 디자인과 더 나은 삶을 위한 실험을 계속하는 멋지고 진취적인 북유럽 기업이다. 최근 가장 눈에 띄는 게 프리미엄 디자이너와의 협업이다. 최근 이케아는 헤이와 함께 가구를 만들었다. 오프 화이트를 만들다 루이 비통의 크리에이티브 디렉터가 된 버질 아블로와도 협업해 새로운 소품을 출시한다. 이런 사업은 이케아의 전체 매출이나 비즈니스를 고려하면 셔츠 두 번째 단추의 세 번째 단추구멍 정도에 불과하다. 하지만 때로는 그 작은 디테일에서 큰 티가 나기도 한다. 이케아와 헤이가 협업한 플라스틱 의자, 이케아와 오프 화이트의 러그 같은 건 분명히 특정 계층의 아주 큰 관심을 모을 것이다. 그리고 그 사람들은 하나의 물건을 사러 이케아 매장에 갔다가 여러 개의 물건을 싣고 돌아올 것이다. 그것도 이케아의 사업 모델이다.

이렇게 이케아는 홈 퍼니싱 계열의 난공불락이 되고 있다. 모든 조건을 극한까지 밀어붙여서 최대한 저렴하면서도 괜찮은 물건을 만든다. 그 물건을 극한의 효율성으로 실어서 매장에 갖다둔 후 나머지는 고객이 알아서 하도록 세심히 프로그래밍한다. 이 모든 부분에 각자의 이름과 사정을 붙인다. 저렴하면서도 괜찮은 물건의 효율적인 디자인은 '민주주의'다. 물건을 직접 나르고 집까지 가져가고 만들어야 하는 고객의 불편도 가격을 줄이기 위한 '민주주의적 수단'이므로 정당화된다. 프리미엄 이미지도 틈틈이 부지런하게 쌓아 나간다. 스웨덴의 국기색을 통해, 버질 아블로와 헤이를 통해. 축구 팀이라 치면 약점이 없다.

약점이 없는 팀이라 해도 끊임없이 바뀌어야 한다. 세상이 바뀌기 때문이다. 홈 퍼니싱 시장도 계속 바뀐다. 지구 온난화, 노령화와 출산율 감소, 1인 가구. 전 지구에 걸친 지엽적 이슈가 지구적 기업 이케아에게 영향을 준다. 요즘 가장 눈에 띄는 주거의 변수는 난민과 저성장에 따른 토지 시세 증가로 발생하는 도시 유목민이다. 이런저런 세계 정세와 경제 상황 때문에 난민과 세계의 젊은이들이 집을 못 사고 있다. 집을 잃었거나 집을 가질 수 없는 사람들이 세계 어디서든 자리를 잡으려면 세간이 필요하다. 결국 이케아에 갈 수밖에 없다.

이케아는 최신형 카탈로그에 발빠르게 이 경향을 반영했다. 이케아 2018년 카탈로그에는 이케아 쇼핑백 안에 들어가는 사이즈의 패키지가 들어 있다. '가볍게 살고 싶을 때 손쉽게 옮겨요'라는 말과 함께. '인생이 어떻게 흘러갈지는 아무도 모르'기 때문에 '가벼워서 옮기기 쉽고 집 안 어디에나 어울리는 가구를 준비해 보세요'라는 말이 붙어 있다. 이들이 제안하는 패키지 안에는 인조식물, 스툴 3개, 플로어 스탠드, 쿠션, 수납 가방이 들어 있다. 이 모두의 가격은 108,000원. 역시 싸다. '낯선 공간에 포근함을 더하면 진짜 집이 됩니다'라는 말이 쓰인 페이지도 있다. 너무나 상징적이다.

앞으로의 이케아가 어떻게 될까? 그건 이미 1974년에 다 쓰여 있었다. 예수 그리스도의 삶과 말 자체가 2000년짜리 수명을 가진 가톨릭교의 원형이 되었듯, 잉바르 캄프라드의

'어느 가구 판매상의 유언'이 이케아 정신의 변치 않는 원형이다. 그러니 이 말로 마무리해도 되지 않을까. 태초에 말씀이 있었다고. 그 말씀에 대한 믿음이 이끄는 대로 이케아가 나아갈 것이라고.

아주 조금만 다르다고 해도

옅어서 더 짙은
무인양품(無印良品)

이 책의 원고는 테크 웹진 <더기어>에 실린 게 많다. 그때 '아이콘'이라는 이름의 원고를 진행했다. 원고를 진행하기 위해 당시 <더기어>의 편집장 김정철과 짧은 대화를 나눴다. 내가 무인양품 블루투스 스피커로 원고를 진행하고 싶다고 하자 그는 이렇게 말했다.

"아. 그거 네모난 거에 동그란 거 들어있는 거요? 소리는 안 좋던데(실제로는 조금 더 과격한 표현을 썼다). 아이콘임에는 분명하죠."

그 말은 무인양품 블루투스 스피커에 대한 깔끔한 정리였다. 1)네모난 거에 동그란 거 들어 있다(디자인) 2)소리는 좋지 않다(성능) 3)아이콘임에는 분명하다(상징성). 즉 무인양품 블루투스 스피커는 성능은 그저 그렇지만 디자인은 좋아서 아이콘이 되었다. 질문은 여기서부터 시작된다. 소리가 안 좋은 스피커가 어떻게 아이콘이 될 수 있을까? 이 이야기를 말해 보려면 무인양품이라는 회사의 특수성에 대해서 생각해 볼 필요가 있다.

무인양품은 이 책에서 앞서 다룬 다이슨과는 완전히 다르다. 다이슨이 제임스 다이슨이라는 독선적인 천재의 창조물인 반면 무인양품은 철저한 시스템의 산물이다. 다이슨이 강력한 중앙집권제의 산물이라면 무인양품은 기묘한 관료제의 산물이다. 다이슨의 디자인이 기술과 섞여 있다면 무인양품의 디자인과 기술은 큰 상관이 없다. 다이슨의 라인업은 할 수 있는 한 단순하지만 무인양품의 라인업은 저래도 되나 싶을 정도로 다양하다.

물건의 라인업과 기술은 두 회사의 기초적인 차이점이다. 지금까지 출시된 다이슨 제품의 핵심기술은 간단하다. 모터를 이용해 공기를 빨아들이거나 내뿜는 것. 세탁기를 만들다 말긴 했지만 그것도 모터를 돌리는 기술이 포함되어 있다. 물론 다이슨은 기술의 디테일을 달리 하기 위해 엄청나게 노력했지만 생산 단계에서의 근본 기술은 모터를 이용한 회전이라는 한 뿌리 안에 들어 있다.

무인양품의 물건 중 이들이 핵심기술을 보유한 건 몇 개나 될까? 있긴 할까? 그러든 말든 무인양품은 7천 개가 넘는 물건을 만들어 판다. 일본의 무인양품 대형 매장은 그 엄청나게 많은 물건이 모여서 만들어진 무인양품-이즘이라는 종교의 신전이다. 내가 가 본 후쿠오카 텐진 매장에는 5층 규모의 건물에 무인양품 아이용품, 식품, 옷, 자전거, 냉장고, 가구에 집까지 팔고 있었다. 무인양품이 싼 것도 아니다. <무인양품은 왜 싸지도 않은데 잘 팔리는가>라는 도발적인 제목의 책까지 나왔다. 이 책에 따르면 무인양품 식품 중 가장 잘 팔리는 건 '소재를 살린 카레, 버터치킨'이다.

지금 21세기에 성공한 라이프스타일 브랜드 중 전자제품과 버터치킨이 한 브랜드에 소속되는 건 무인양품 이전에도 이후에도 없을 것이다. 한 브랜드 안에서 의식주 전부를 채울 수 있는 대형 브랜드는 무인양품이 거의 유일하다. 이케아에는 옷이 없고 유니클로에는 옷만 있다. 라이프스타일이라는 단어를 엄격하게 적용했을 때 진정한 라이프스타일 브랜드는 무인양품뿐일지도 모른다.

일본 국내용인 경우가 많지만 무인양품에서 가전제품도 꽤 많이 나온다. 스피커와 커피 머신, 가습기에 냉장고까지 있다. 하지만 무인양품의 모든 가전제품은 성능이 뛰어난 것도, 값비싼 소재를 쓴 것도 아니며 유구한 전통이 있는 것도, 그렇다고 스타 디자이너가 디자인한 것도 아니다. 방금 말은 좀 너그러운 설명이다. 블루투스 스피커를 보면 성능은 민망한 수준이고 소재는 싸지 않은 정도이며 전통은 없다고 봐도 되고 디자인 역시 하던 것의 답습에 불과할지도 모른다. 줄여 말하면 무인양품 1/7000인 것이다.

그런데 중요한 것, 이 물건이 팔린다. 더 중요한 것, 소비자는 이 물건의 단점까지도 알고 있다. 이 스피커의 출력은 2와트 정도다. 인터넷 오픈 마켓을 보면 같은 출력의 스피커는 약 2만 원 정도에 살 수 있다. 하지만 이 물건을 결국 살 사람들에게 출력 혹은 같은 출력의 더 싼 물건은 중요하지 않다. 이 물건의 후기는 '좀 비싸지만 샀어요' '성능이 좋지 않은 건 알고 있었지만 샀어요' 같은 것이 주를 이룬다. 여기서부터 이 물건을 아이콘이라 부를 만한 특징이 드러나기 시작한다. 음질 안 좋고 비싼 스피커가 왜 팔릴까?

이유는 간단하다. 디자인이 좋아서. 하지만 이 답도 아직 모자란다. 디자인이 좋다는 건 모호한 개념이다. 세상에는 무인양품 말고도 디자인이 좋은 물건이 많다. 무인양품의 디자인이 어떻게 좋고 다른 것과 어떻게 다른지까지 생각해 봐야 할 것 같다.

그러므로 무인양품 블루투스 스피커를 보려면 결국 이 기계의 모체인 무인양품이라는 회사에게로 눈을 돌려야 한다. 무인양품은 콘셉트로 시작해 의식주 전체에 해당하는 물건을 판매한다는 점에서 굉장히 특이한 회사다. 무인양품에서 파는 물건의 공통점은 큰 변별력이 없다는 것이다. 당장 무인양품 매장에 가 보면 알 수 있다. 무인양품 수첩, 옷, 가구, 여행가방, 다 예쁘다. 동시에 다 대체 가능하다.

무인양품은 보통 물건과 다를 바 없는 그 물건에 무인양품풍이라 할 만한 디자인을 씌운다. 자전거에 미색을 칠하면 무인양품 자전거가 된다. 수수한 디자인의 옷을 구김이 잘 가는 소재와 은은한 색으로 마무리하면 무인양품 옷이 된다. 마찬가지로 보통 물건에 '무인양품은 이렇다'는 콘셉트를 씌우면 무인양품이 된다. 콘셉트의 무한한 확장. 이 능력이야말로 무인양품의 핵심 역량이다.

무인양품의 제품은 항공사 서비스와 비슷한 면이 있다. 항공 서비스라는 건 전 세계의 어느 항공사나 몇 시간 앉아 있으면 하늘을 날아 다른 나라에 간다는 것에선 본질적으로 차이가 없다. 동일한 효용 안에서 차이를 만들기 위해 항공사들은 온갖 노력을 아끼지 않는다. 패션 디자이너에게 승무원 유니폼 디자인을 의뢰하거나 영화평론가에게 기내 영화 선정을 맡긴다. 침대 같은 좌석을 제공하거나 아예 침대를 깔아 주기도 한다. 서비스의 본질에 큰 차이가 없기 때문에 일어날 수 있는 일이다.

무인양품의 스피커도 이 맥락 위에 있다. 출력이나 소재, 가격대 성능비는 어떤 물건을 고를 때 중요한 변수일 수 있지만 모든 사람이 그 변수를 중요하게 생각해야 할 이유는 세상 어디에도 없다. 물건의 스펙 같은 건 상관 없다는 사람들이 훨씬 많을 수도 있다. 관점에 따라 그것도 정답이다. 블루투스 스피커라면 음악만 나오면 되고, 방에 둘 거니까 크기가 적당하고 디자인이 예뻤으면 좋겠고, 가격도 적당하면 살 만하다는 결론을 낼 사람이 세상에는 무척 많다. 그런 사람들도 충분히 존중받아야 할 소중한 소비자다. 무인양품 블루투스 스피커는 그런 사람들의 마음을 읽은 결과물이다.

무인양품이 계속 멋있게만 커온 건 아니다. 무인양품은 1980년 일본의 슈퍼마켓 체인인 세이유의 한 브랜드로 출발했다. '온 세상이 브랜드를 지향하던 시대에, 안티 세존(그룹사)으로서 노브랜드의 자사 상품을 개발한다는 발상에서 태어났'다. 무인양품의 모회사인 양품계획 회장 마쓰이 타다미쓰가 쓴 <무인양품은 90%가 구조다>에서 회고한 말이다. 처음엔 잘 됐지만 마쓰이 회장이 왔을 때 무인양품의 상황은 별로 좋지 않았다. 그는 자신의 책 제목에 쓴 것처럼 구조를 바꾸면서 성공 궤도로 진입했다고 한다. 그 구조란 '노력이 성과로 이어지는 구조' '경험과 감을 축적하는 구조' '낭비를 철저히 줄이는 구조'다. 반면 앞서 말한 <무인양품은 왜 싸지도 않은데 잘 팔리는가>의 저자 에가미 다카오는 "무인양품이 성공한 최대 요인을 '콘셉트'라고 확신한다." 구조와 콘셉트, 누구 말이 맞는 걸까.

둘 다 맞다. 모호한 이야기를 좀 하면 무인양품은 구조화한 콘셉트의 집합체다. 디자인 언어처럼 모호한 개념까지 구조화해서 규칙을 만드는 데 성공한 회사다. 다이슨과 무인양품에서 찾을 수 있는 의외의 공통점은 보통 회사가 합치려 하지 않는, 혹은 합칠 수 없다고 생각하는 영역을 붙였다는 것이다. 다이슨은 기술과 디자인을 합쳤다. 무인양품은 규칙(매뉴얼)과 감각(콘셉트)을 합쳤다.

<무인양품은 90%가 구조다>에 좋은 예가 나온다. 이 책에 따르면 무인양품에는 '무지그램'이라는 매뉴얼이 있다. 이 매뉴얼은 경영, 상품 개발, 매장 디스플레이와 접객에 이르는 모든 일의 노하우가 기록되어 있으며 분량은 2천 페이지에 달한다고 한다. 어째 경영의 <아라비안 나이트> 같은 느낌이다. 여기서 보여주는 매뉴얼의 일부가 마네킹에 옷을 입히는 방법이다. 센스와 경험이 필요한 일이라고 여겨지는 부분을 한 페이지의 매뉴얼에 담았다고 한다. 다이슨처럼 연구개발에 많은 예산을 투자하는 회사가 많지 않은 것처럼 콘셉트의 영역에 들어가는 것까지 친절하게 매뉴얼로 정리하는 회사도 거의 없다. 더구나 이 매뉴얼은 월 단위로 계속

갱신된다. 무인양품의 온갖 콘셉트가 '무지그램'으로 정리된 후 그 매뉴얼이 살아있는 생물처럼 계속 신진대사를 진행시킨다. 무인양품 블루투스 스피커 역시 그 매뉴얼의 정신에서 벗어나지 않는 물건이다.

성공이라는 하나의 결과를 위한 해답 도출 과정의 수는 굉장히 많다. 축구의 공격수들도 다양한 방법으로 골을 넣는다. 토마스 뮐러나 필리포 인자기처럼 넣을 수도 있고 디디에 드로그바나 즐라탄 이브라히모비치처럼 넣을 수도 있다. 결과적으로 중요한 건 할 수 있는 한 많이 넣는 것이다. 다만 입증된 하나의 정답을 다른 곳에서 따라 할 수는 없다. 무인양품 블루투스 스피커 같은 물건을 또 만들려면 무인양품과는 다른 방식으로 매력을 만들어 내는 콘셉트부터 만들고 키워야 한다.

아이콘이 되는 방법도 무한하다. 섹스 피스톨스와 너바나는 연주를 가장 잘해서 시대의 밴드가 된 게 아니다. 기술적으로 별 건 아니지만 개념적으로 큰 의미가 있기 때문에 시대의 상징이 될 수도 있다. 무인양품 블루투스 스피커에는 아주 강한 콘셉트와 연약한 스피커 유닛이 들어 있다. 이렇게 아이콘이 될 수도 있다.

정보의 패션화

모노클(Monocle)에
대하여

2014년 9월 2일 <모노클>은 '닛케이와 모노클이 글로벌 파트너십을 맺었다'는 보도자료를 배포했다. 닛케이는 1876년 문을 연 아시아 최대급의 미디어 그룹이다. 2014년 기준으로 일본 내 54개소, 해외 36개소의 지부를 운영하면서 1,300명 이상의 프로페셔널 저널리스트를 두고 있다. 그런 회사가 2007년에 문을 열어 85명의 에디터를 두고 있는 소규모 저널리즘 브랜드에 투자했다.

그로부터 20년 전인 1994년 어떤 무명 저널리스트가 앞날을 고민하고 있었다. 그는 서양 저널리스트가 경험을 쌓으러 으레 가는 전장에 취재를 갔다 손에 총을 맞아 문명세계로 돌아온 참이었다. <모노클>의 발행인 겸 편집장 타일러 브륄레에게도 그런 때가 있었다. 그때의 브륄레가 딱 20년 후에 세계 최고 수준의 언론사에게 투자를 받을 줄 누가 알았을까.

종이 인쇄 기반의 매체는 빙하기를 맞은 공룡처럼 멸종하고 있다. 그 사이에서 모노클은 이상할 정도로 많이 회자된다. 잘되고 있기 때문이다. 모노클은 모두가 안 된다고 하는 종이 기반 저널리즘이라는 영역에서 (최소한 겉으로는) 번창하는 것처럼 보인다. 전 세계의 미디어 그룹이 앞다투어 있던 매체를 없애는 판에 모노클은 닛케이로부터 투자까지 받는다.

모노클이 잘되는 이유는 간결하고 확실한 수익 모델이다. 모노클에는 여러 가지 사업 영역이 있으며 각기 조금씩 영업 영역이 다르다. 모노클은 일반 소비자에게 잡지와 책을 판다. 광고주에게는 광고 지면을 판다. 광고주급 파트너와 협업해 자체 PB 상품을 만들어 일반 소비자에게 판다. 세계의 몇 거점 도시에서는 카페를 운영한다. 기존 미디어 비즈니스 입장에서 보면 난데없고 복잡해 보일 수도 있다. 하지만 이 다양한 산업 영역에서의 모든 시도와 성공은 간단한 하나의 개념으로 묶을 수 있다. 패션화다.

패션화라는 말부터 복잡해 보일 수도 있겠다. 내가 여기서 말하는 패션화는 특정 영역이 갖고 있던 장르적 특성을 미적 요소로 가져다 바꿔 쓴 걸 말한다. 요즘 가장 유명한 패션화의 명인은 베트멍과 발렌시아가의 디자이너인 뎀나 즈바살리아다. 그는 하나도 안 패셔너블하게 여겨지던 걸 깔끔하게 다듬어서 새로운 시대의 미(美)로 탈바꿈시켰다. 뎀나 덕분에 90년대 특유의 산만한 패션 브랜드 로고나 눈빛이 나간 동유럽 소년들의 훌리건 룩이 패션의 일부가 될 수 있었다.

이들이 득세하기 약 10년 전인 2007년 <모노클>은 이미 일상 소재를 재료로 패션화를 시도했다. 모노클은 뉴스와 정보를 패션화시켰다. 쓸모도 있고 아름다움도 있으나 아무도 미적 요소를 뽑아내지 않았던 것에서 미를 뽑아내 상품화시켰다. 이 개념을 이해해야 모노클의 성공과 앞으로의 이야기를 더 쉽게 읽을 수 있다.

타일러 브륄레는 모노클의 대외 이미지에서 절대적인 역할을 한다. 모노클을 축구팀이라고 치면 타일러 브륄레는 구단주 겸 단장 겸 감독 겸 대변인 겸 에이스 겸 에이스의 대변인 역할을 동시에 하고 있다. 그는 1994년 총상을 입고 런던으로 돌아와서 <월페이퍼>를 만들었다. 시사 취재에서 부상을 입고 돌아온 사람이 인테리어잡지를 만들었다는 건 <모노클>의 미래를 예언하는 듯하다. <월페이퍼>로 증명했듯 타일러 브륄레에게는 그럴싸한 것을 더 그럴싸하게 보이게 하는 재능이 있었다. 동시에 전장 취재를 통해 시사 경험을 쌓았다. 시사정보를 패션화해야겠다는 생각이 들 법한 환경을 겪었다고 볼 수 있다. 둘을 묶으려 시도했다는 것이 타일러 브륄레의 아주 중요한 장점이다.

타일러 브륄레는 <월페이퍼>로 1년 만에 큰 돈을 벌었다. 1996년 창간한 <월페이퍼>는 1년만에 230만 달러에 타임워너에 팔렸다. 타일러 브륄레는 2002년까지 <월페이퍼> 편집장으로 일하다 그만뒀다. <모노클>은 2007년에 창간했으니 그 사이에는 5년의 시차가 있었다. 그동안 타일러 브륄레는 '윙크 미디어'를 만들었다. 기획, 디자인, 편집 업무의 전문가가 모여 일하는 일종의 크리에이티브 에이전시였다. 이때 타일러 브륄레와 그의 팀은 아디다스, BMW, 노키아 등의 대형 광고주와 일하면서 안면을 쌓았다. 지금까지 운영되는 윙크리에이티브의 전신이다.

타일러 브륄레의 행적을 한번만 더 복기해 보자. 타일러 브륄레는 <월페이퍼>라는 매체를 만들었다. 그 매체를 하나의 브랜드 수준으로 만든 후에 팔았다. 어떤 매체가 가진 브랜드로서의 가치를 알았다고 볼 수 있다. 그다음에 타일러는 수익이 발생하는 클라이언트 비즈니스를 진행했다. 이 경우의 '클라이언트 비즈니스'는 광의의 광고 제작이다. 뉴스를 만들기 전에 광고를 만드는 법을 먼저 익힌 셈이다. 덕분에 모노클은 매체의 초반 운영에 필요한 대형 광고주를 처음부터 확보할 수 있었다.

정말 중요한 건 초반의 광고 매출이 아니라 광고 제작이라는 경험 자체다. 광고 제작 경력이야말로 모노클의 원천 기술이다. 상품으로서 정보는 제작비가 많이 드는데 판매하는 방법은 어렵고 수익률은 높지 않다. 하지만 사람들은 광고만 있는 카탈로그를 보지 않는다. 카탈로그에 들어 있는 광고를 보게 하기 위해서라도 정보는 필요하다. 광고영업과 제작 기술을 확보했다면 그다음 행보는 명확하다. 뉴스라는 정보를 만드는 것. 잘 만든 광고와 기사를 합치면 매체가 된다. 기존 매체와 모노클의 가장 큰 차이점이 여기서 온다. 자체적으로 광고를 만들 수 있는 잡지사라는 것. 그리고 해당 매체의 색에 가장 잘 맞는 광고회사가 매체사와 같은 회사라는 것.

크리에이티브 에이전시 윙크리에이티브와 모노클은 단순한 시너지 수준이 아니다. 둘은 아예 하나로만 있을 수가 없다. 윙크리에이티브는 광고 제작 대행사이기 이전에 크리에이터 에이전시다. 윙크리에이티브 본사 홈페이지에도 '디에이전시'라는 말이 가장 먼저 쓰여 있다. '기획자, 편집자, 카피라이터, 아트 디렉터, 디자이너, 아트 바이어, 회계사가 모인 60개의 팀'이라는 말이 따라온다.

윙크리에이티브의 홈페이지에서 이 팀이 만든 훌륭한 기획물을 볼 수 있다. 를레 앤드 샤토, 윔블던, 에어 캐나다, 렉서스 등 다양한 브랜드가 윙크리에이티브의 손을 거친 브랜드 북을 만들었다. 어딘가에서 본 것 같다면 정확하다. 윙크리에이티브의 결과물은 <모노클>과 비슷한 정체성을 공유하고 있다. 거기 더해 <모노클>의 애독자라면 윙크리에이티브 고객사가 <모노클>의 기사 혹은 별책으로 나왔던 경우도 짚어 낼 수 있을 것이다.

그런데 에이전시 비즈니스는 아무리 잘해도 기본적으로 누가 불러 주지 않는다면 결과물을 만들 수 없다. 누군가 불러 준다 해도 클라이언트의 요구를 들어줘야 하니 에이전시의 의도를 100퍼센트 드러낼 수는 없다. 만약 매체를 만든다면 크리에이티브 에이전시에 소속된 각종 전문가들이 계속 자신의 포트폴리오를 쌓을 수 있다. '모노클 콘텐츠'라는 이름으로.

즉 <모노클>은 그 자체로 하나의 콘셉트 모델하우스라고 볼 수도 있다. 사무소의 각 인력이 '우리는 이런 걸 할 수 있다'는 걸 구현한 모델하우스. 모델하우스를 만들다 보면 실제로 분양을 받거나 그 모델하우스에 기반해 자기 건물을 만들고 싶을 클라이언트가 나타난다. <모노클>과 광고주의 관계가 그렇게 만들어진다. <모노클>은 물론 판매와 광고 수익을 위한 매체겠지만 그 자체로 모노클과 윙크리에이티브가 진행하는 R&D의 결과물일 수도 있다. 진지한 저널리즘을 마케팅 포인트삼아 광고주들을 위한 콘텐츠를 만들기 때문이다.

윙크리에이티브의 에디토리얼 모델하우스인 잡지 <모노클>은 2007년 창간했다. 타일러 브륄레의 경험과 가설이 멋지게 성공한 순간이었다. 타일러 브륄레가 윙크리에이티브로 맺은 브랜드와의 관계 덕분에 <모노클>은 창간호부터 전혀 할인하지 않고 광고를 판매할 수 있었다. 한국의 거의 모든 잡지는 창간호 광고를 서비스로 받아 온다. 할인을 넘어 공짜로 실어 주는 광고라는 이야기다. 그에 비하면 모노클의 성공은 정말 대단하다.

엄밀히 말해 모노클의 성공은 저널리즘 모델의 성공이 아니다. 물론 어떤 사안에 대한 저널리즘적 접근법은 모노클이라는 미디어 브랜드에서 중요한 역할을 한다. <모노클>이 늘 뉴스 밸류와 진지한 저널리즘을 강조하는 이유도 여기에 있다. 하지만 <모노클>은 자신들이 제작하고 재가공하는 정보를 이용해 직접적으로 돈을 벌지 않는다. 그러니 매체 판매수익과 광고수익에 의존하는 전통적인 저널리즘 비즈니스 모델이 <모노클>의 수익 모델은 아니다. 오히려 <모

노클>은 수익모델이 있는 곳으로 들어가는 티켓이라고 봐야 한다. 티켓의 이름은 상품화된 정보다. 정보를 잘 만들고 예쁘게 다듬으면 광고주라는 수익모델이 있는 곳으로 갈 수 있다. 타일러 브륄레를 비롯한 <모노클> 팀은 이 사실을 깨달았다.

기본적으로 저널리즘 비즈니스에는 담보대출 같은 측면이 있다. 좋은 기사를 만들면 양질의 독자가 확보된다. 자기 매체에 붙어 있는 양질의 독자를 광고주에게 증명할 수 있다면 광고주에게 광고 지면을 판매할 수 있다. 지금은 종이뿐 아니라 인터넷에도 매체가 많기 때문에 독자의 양보다 질이 중요한 업계가 있다. 아무나 살 수 없을 정도로 비싼 걸파는 사치품 업계가 대표적이다. 이런 업계의 광고주들은 단순한 예상 독자수보다는 독자 개개인의 자세한 정보가 더 중요하다. 정도의 차이가 있을 뿐, 모든 매체 플랫폼이 점차 자세한 독자/시청자/청취자 정보를 제공하고 있다. 대표적인 게 TV의 타깃 시청률이다.

모노클은 질 좋은 독자라는 부분에서 특히 월등하다. <모노클>의 정기구독자는 전 세계적으로 퍼져 있다. <모노클>의 2014년 자료에 따르면 모노클의 유료 정기구독자는 18만 명에 달한다. <모노클>에 나오는 생활정보나 뉴스를 보면 모노클을 읽을 법한 사람은 중산층 이상의 국제 경험이 풍부한 사람이다. 코카콜라나 비자카드 같은 다국적 초대형 회사에게는 아무 수치도 아닐 것이다. 하지만 만약 1년에 시계를 20만 개 정도만 만드는 소규모 럭셔리 브랜드가 있다면 <모노클>처럼 좋은 매체도 없다.

<모노클>처럼 독자의 질과 니치 마케팅으로 승부한다면 좋은 점이 하나 더 있다. 돈이 많이 드는 최신기술의 필요성이 줄어든다는 점이다. 압도적인 분량의 매스 데이터와 그를 해석하는 AI 알고리즘 기술은 첨단기술이므로 운용할 때 돈이 많이 든다. 얼마가 들지 계산이 되지도 않는다. 페이스북이나 인스타그램, 유튜브 등 SNS를 이용한 마케팅과 콘텐츠 유통 방법도 마찬가지다. 증명된 수익 모델이 없으므로 신약 개발 실험처럼 계속 변인을 달리하면서 실험을 할 수밖에 없다. 큰 회사가 아니라면 이런 쪽에 실험적인 사업을 할 예산이 많지 않다. <모노클>은 안정된 수익 모델을 구축한 덕에 단위를 가늠할 수 없는 금전적 지출을 피할 수 있었다.

철지난 플랫폼이 생존하는 방법 중 지금까지 검증된 건 하나뿐이다. 사치품화다. LP와 기계식 시계와 만년필과 고서 시장의 공통점 역시 <모노클>의 성공 비결과 같다. 지난 세대에서 검증된 수익 모델, 물리적 규모는 작지만 1인당 매출은 높고 충성스럽기까지 한 고객층 확보. <모노클>은 뉴스라는 콘텐츠를 패션화한 동시에 종이 잡지라는 플랫폼은 사치품화했다. 종이 잡지처럼 최신 유행은 아니어도 검증된 수익 모델을 쓴다. 규모로는 작지만 쓰는 돈이 많고 충성도가 높은 고객층을 확보한다. 이 두 비결 덕분에 모노클은 종

이라는 지난 시대의 정보 유통 플랫폼으로도 살아남았다.

사치품화라는 면에서도 모노클은 굉장히 훌륭하다. 타일러 브륄레는 각종 인터뷰에서 "종이 잡지를 읽지 않는다면 당신이 뭘 보는지 남이 알 수 없다."는 말을 자주 했다. 내 좋은 물건을 통해 상대방에게 나의 장점을 알리는 것 역시 사치품 장신구의 주된 특징이다. <모노클>적 접근법을 거치면 한 권에 10파운드를 받는 책도 충분히 사치품이 될 수 있다. 사치품은 가격이 아니라 개념의 문제이기 때문이다.

거기 더해 <모노클>은 자체 PB 상품까지 사치품화시키는 데 성공했다. '모노클 숍'이라는 수익 모델이 좋은 예다. <모노클>의 눈으로 브랜드와 물건을 고르고 거기에 살짝 <모노클>의 색을 입힌다. 포터의 가방에 모노클 특유의 카키색 톤을 쓰는 식으로. 거기 더해 모노클에는 패션 화보도 있다. 사치품화에 성공한 자사의 PB 상품을 이용해 또 화보를 찍는다. 고급스러운 이미지가 자연스럽게 확대 재생산된다.

사치품 산업은 한계에 부딪힌다. 지금은 루이 비통 같은 업계의 거물이 슈프림 같은 거리의 브랜드와 협업하는 2010년대다. 슈프림의 혈통이 거리인 게 문제가 아니라 쿨한 이미지가 브랜드 내부에서 나오지 않는 게 문제다. 슈프림과의 협업은 쿨한 이미지 아웃소싱이다. 대표적인 사치품업계인 패션 업계의 선두주자인 루이 비통이 스스로 뭔가 새로운 이미지를 만드는 데 한계를 느꼈다고 볼 수도 있다. 이런 상황에서 <모노클>의 능력은 더욱 돋보이고 값비싸질 것이

© 박찬용

런던 모노클 숍. 2016년 2월.
꼼 데 가르송과 협업해 만든 모노클 향수. 2008년 출시.

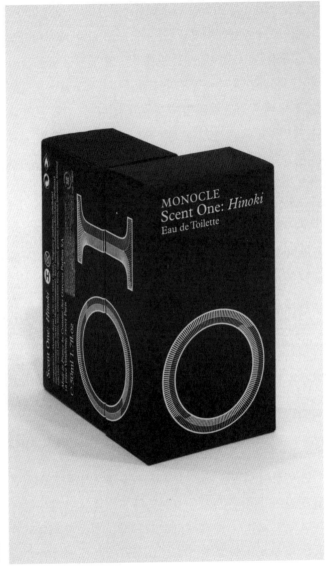

MONOCLE
Scent One: *Hinoki*
Eau de Toilette

다. 모노클의 손을 거치면 뭐든 패션화될 수 있기 때문이다.

스스로의 가치와 가격을 아는 <모노클>은 이미 마이다스의 손과 같은 그 감각 자체를 판매하고 있다. 가장 극적인 협력이 <모노클>과 각국 정부와의 협업이다. 모노클은 포르투갈, 홍콩, 태국 정부 등과 함께 각국의 소책자를 만든 적이 있다. 재미있는 요소는 있으나 그 재미 요소를 패션화할 인력이 부족한 국가에 들어가 그 국가의 이미지를 새로 만들어 주는 것이다. 광고주의 이미지도 만들어 주는데 국가라는 광고주의 이미지라고 못 만들 게 없다.

모노클은 광고주와의 관계도 남다르다. 모노클은 광고주를 가려 뽑는 걸로 유명하다. 모노클이라는 저널리즘 상품에서는 광고 역시 잡지 완성도의 일부이기 때문이다. 모노클의 광고주로 '선정'되면 모노클이 제안하는 다양한 광고 프로그램에 참여할 수 있다. 모노클과 광고주들은 갑을관계가 아니라 일종의 조인트 벤처 같은 형식을 띤다. 광고주와 매체가 서로의 우위를 주장하면서 아이처럼 다투는 한국의 상황과는 대조적인 모습이다.

모노클-광고주의 조인트벤처가 반복되면서 또 하나의 특이한 현상이 나타난다. 모노클과 스몰 럭셔리 브랜드의 협업 상품이다. 작은 사치품 브랜드와 모노클의 관계가 깊어지면서 모노클×스몰 럭셔리 브랜드라는 일종의 협동조합 같은 게 모노클 안에 생긴다. 대표적인 경우가 벨기에의 델

보나 캐나다의 로트만 비즈니스 스쿨이다. <모노클>은 모노클 별주 델보 가방을 만들고 로트만 비즈니스 스쿨과 함께 컨퍼런스를 개최한다. '모노클 숍'은 그 협동조합의 판매 매장과도 같다. 모노클×델보 가방, 모노클×바레나 블레이저, 모노클×리모와 여행가방. 광고주와 매체사가 함께 쌓아 온 브랜드 사이의 신뢰가 있으니 만들어질 수 있는 모델이다.

정보를 패션화하는 모노클의 원천기술은 당분간 공고할 것이다. 심지어 언젠가 모노클의 단점을 보완하거나 모노클보다 뛰어난 뉴스를 만드는 곳이 나와도 모노클을 99퍼센트 이기지는 못할 것이다. 모노클이 시장을 선점해서이기도 하지만 그게 전부는 아니다. 일단 패션화가 된 영역은 한 줄로 세울 수 없다. '모노클보다 더' 잘하는 곳이 나올 수는 있어도 '모노클처럼' 잘 하는 곳은 나오지 못한다. 패션화의 영역에서 표절은 치명적인 감점 요소이기 때문이다. 우열이 아니라 정체성 자체로 평가받는 것이 패션화의 가장 무서운 점이다. 모노클은 정체성을 갖는 데에 성공했다. 한번 만들어진 정체성은 쉽게 사라지지 않는다. 모노클이 앞으로도 잘될 거라 예상하는 이유이기도 하다.

대신 <모노클>의 미래에도 명암은 있다. 우선 종이 잡지라는 시장에 근본적인 한계가 있다. 물론 모노클은 잘 성공했다. <모노클>을 통해서 국제적인 규모의 독자군을 구축했다. 진짜 현금매출을 가져다줄 수 있는 광고주 그룹도 구축했다. 거기 더해 세계적이라는 이미지를 만든 덕분에 모노클은 어디로든 뻗어나갈 수 있다. 하지만 <모노클>의 시각 콘텐츠가 종이로만 유통되는 한 이들의 사업적 확장은 어딘가에서 멈출 수밖에 없다.

새로운 콘텐츠를 만들어 퍼뜨리려면 시각 말고 다른 감각으로 전해지는 콘텐츠를 만들어야 한다. 모노클의 광고 비용이 아무리 비싸다고 해도 모노클이 1천만 부를 인쇄해서 유통하는 잡지가 될 순 없다. 그건 카세트테이프 앨범을 100만 장 팔 수 없는 것과 마찬가지다. 인터넷 홈페이지가 있으나 <모노클>의 웹 기사는 정기구독자만 볼 수 있다. 저널리즘 산업에서 <모노클>의 미래는 어디 있을까.

지금의 <모노클>에는 라디오가 있다. 모노클 홈페이지에서, 혹은 스마트폰 앱을 다운받아서 모노클 24 라디오를 들을 수 있다. 모노클 24 라디오는 모노클의 지면 콘텐츠와 같은 방식으로 운영된다. 모노클의 관점이 들어간 이슈를 음성으로 전해 준다. 때에 따라 그 콘텐츠와 잘 맞는 광고주가 붙는다. 광고주의 존재감은 각 프로그램의 배너를 통해 확실히 표시된다. 터키 항공과 함께하는 여행 프로그램이나 그룬딕과 함께하는 라이브 음악 세션 등 처음부터 광고사의 특징을 살리면서도 청취자에게 재미를 줄 수 있는 콘텐츠가 꾸려진다. 그 사이로 <모노클>의 시선을 보여주는 인터뷰, 음식, 지면 기사 요약 등의 <모노클> 콘텐츠가 꾸려진다. 저널리즘적 콘텐츠를 통해 광고주에게 어필하고, 광고성 콘텐츠를 만들면서도 유료 독자에게 거부감을 주지 않는다. 모노클식 저널리즘의 방향과 균형감각은 라디오에서도 확연하게 드러난다.

요즘 너도나도 하는 동영상은 <모노클>에게 적합한 미디어가 아니다. <모노클>은 지금까지 콘텐츠와 플랫폼을 수직통합하면서 일관적으로 고급스러운 브랜드 이미지를 만든 후 거기서 수익을 만들어 냈다. 동영상으로는 그러기가 어렵다. 현대의 동영상은 유튜브나 한국의 네이버 등 거대 플랫폼을 통해 유통된다. <모노클>이 구현해 온 콘텐츠 제작-유통의 수직통합을 이룰 수 없다. 그렇다고 자체 동영상 플랫폼을 운영하면 너무 덩치가 커진다. 동영상은 콘텐츠 제작비도 다르다. 지면이라는 정지화면에 비하면 영상은 자본, 장비, 인력 규모가 모두 달라진다.

저널리즘 비즈니스에서 <모노클>의 미래는 라디오에 달려 있다. 라디오라는 음성 콘텐츠는 <모노클> 브랜드에게 여러 모로 적당한 신규 사업이다. 영상에 비하면 제작비가 적다. 24시간 제공할 수 있다. 다른 채널을 통하지 않고 모노클 홈페이지와 앱으로 유입을 유도할 수 있다. 거기 더해 <모노클> 잡지를 통해 만들어 둔 모노클풍 시선이 있다. 자신의 특징을 24시간 동안 노출할 수 있다면 충분히 사람들의 관심을 모을 수 있다. 사람들의 관심을 모은다면 얼마든지 그에 기반한 수익 모델을 만들 수 있다. 모노클은 라디오라는 또 하나의 철지난 미디어에서도 성공할 수 있을까. 종이 잡지에 이어서 한번 더 죽었다고 여겨졌던 미디어에서 홀로 살아남을 수 있을까. 그럴 수 있을 거라 생각한다. 철지난 미디어를 패션화하는 건 타일러 브륄레와 모노클 팀의 특기니까. 그것만은 이들이 세상에서 제일 잘하니까.

온라인 미디어 <스키프트>의 CEO 라파트 알리는 <모노클>의 성공 비결을 깔끔하게 설명했다. '스타일리시하고, 흥미롭고, 아주 읽기 쉽다.' 모노클/윙크리에이티브에서 출발하는 모든 콘텐츠에 적용될 수 있는 설명이다. <모노클>의 근본적인 성공 비결이기도 하다. 왼손에 총을 맞은 프리랜서 에디터의 모험이 세계에 둘도 없는 니치 럭셔리 미디어라는 귀결로 흘러가고 있다.

가만히 있었을 뿐인데

베트멍(Vetements)과
DHL

세상엔 가끔 '아, 그때를 기준으로 뭔가 변했지' 싶은 순간이 있다. 나에게 2010년대 패션계의 그런 분기점은 베트멍의 2016 SS 쇼였다. 유럽 대도시의 전철역 뒷골목에 흔히 있을 것 같이 생긴 젊은 남자가 런웨이로 걸어 나왔다. 검은색 바지와 검은색 재킷 안에 선명한 노란색 티셔츠를 입었다. 그 티셔츠에는 DHL이라고 적혀 있었다. 우리가 아는 그 택배 회사 DHL이었다.

그다음부터는 '패션과 세계'라는 제목으로 짧은 다큐멘터리를 찍어도 될 정도의 일들이 일어났다. 우선 패션 피플이 그 티셔츠에 열광했다. 그 옷이 인스타그램 피드에 나타났다. 그 티셔츠는 30만 원이 넘었는데도 모든 판매처에서 품절됐다. 하이 패션 브랜드에서 만든 고가의 티셔츠가 DHL 티셔츠인데 그게 품절되자 패션계 밖에서도 뉴스가 됐다. 보통 <보그> 정도에 나올 이야기가 <데일리 메일>에도 실렸다. <파이낸셜 타임스>는 DHL의 로고를 디자인한 헬게 리에더 씨의 글까지 받아서 보도했다. 그리고 하이라이트, DHL 대표 켄 앨런이 이 옷을 입었다.

이 일을 만든 베트멍은 2014년에 첫 시즌을 시작한 패션 브랜드다. 조지아 출신의 뎀나 즈바살리아(디자이너)와 구람 즈바살리아(경영) 형제가 만든다. 뎀나 즈바살리아는 베트멍에서의 활약 덕에 발렌시아가의 크리에이티브 디렉터가 되었다. 그 이후로도 뎀나 즈바살리아의 행보는 계속 좋은 이야깃거리가 된다. 이 분야에 관심이 있는 사람들에게 뎀나 즈바살리아를 화제로 올린다면 저녁식사 시간 정도는 금방 지나갈 것이다.

"처음부터 이상한 옷을 만들지는 않았어요." 내가 무척 신뢰하는 <에스콰이어> 패션 에디터 백진희는 회상했다. 패션을 깊이 이해하는 동시에 무척 좋아하는(신기하게도 안 그런 패션 에디터가 꽤 많다) 그는 베트멍의 첫 시즌부터 기억하고 있었다. "기본적으로 실루엣을 잘 만드는 디자이너예요. 처음 나왔을 때도 예뻐서 봤어요. 얼핏 보면 예쁜데 디테일이 조금 달랐어요. 팔이 조금 길거나, 바지 여러 벌을 해체해서 하나의 바지로 만들거나, 부츠 뒤에 라이터가 붙어 있거나. 그리고 베트멍이 의외로 입어 보면 되게 편해요. (뎀나는) 옷을 못 만드는 사람이 아니에요." 하지만 본인의 기본기를 보여주는 시즌은 그때까지였다.

"기괴하게 가기 시작하더라고요." 백진희는 '기괴'라고 표현했다. 그렇게까지 표현해야 하나 싶지만 첫 시즌의 베트멍에 비해 그 이후의 베트멍이 조금씩 더 시각적으로 눈에 띈 것만은 사실이다. 파리 패션 위크에 나올 법한 고가 기성품 의류와는 아무래도 다르다. 모두 디올이나 셀린을 입고 나오는 오랜만의 동창회 같은 곳에 베트멍을 입고 간다면 여러 의미로 화제가 될 것이다.

화제가 되는 게 나쁜 일일까? 그럴 리가. 화제가 되는 건 언제든 중요한 일이며 무대에 처음 오르는 사람에게는 가장 중요한 일일 수도 있다. 베트멍은 DHL 티셔츠 등으로 패션계 밖에서까지 화제가 됐다. 그 티셔츠를 설계한 뎀나 즈바살리아 역시 시대의 디자이너가 됐다. 시대의 아이콘이라는 건 비워둘 수 없는 퓨즈 같은 거라서 그게 뭐가 됐든 있긴 있어야 한다. 뎀나 즈바살리아가 자격이 모자란 사람도 아니었다.

베트멍을 보려면 뎀나 즈바살리아의 인생을 볼 필요가 있다. 그는 여러 의미에서 기존의 패션계 디자이너와 다르다. 나이와 출신지 모두. 뎀나는 1981년 흑해의 소규모 국가 조지아의 수후미(Sukhumi)에서 태어났다. 당시 조지아는 소비에트 연합에 속해 있던 공산국가였다. 그는 스무살 때 가족 모두 뒤셀도르프로 건너와 앤트워프의 왕립 예술 학교를 졸업했지만 기본적으로 유소년기를 동유럽에서 보낸 소련 문화권이다. 칼리니시코프 소총을 팔아서 그 돈으로 소고기를 사던 지역의 사람이다. 어릴 때부터 브랜드 같은 무형의 이미지 비즈니스에 익숙한 서유럽 및 북미 대도시 사람들과는 다르다고 볼 수 있다.

　"1991년까지 조지아는 구 소련이었기 때문에, 나는 소비에트 유년기를 보냈어요." 뎀나 즈바살리아는 독일 라이프스타일 잡지 <032c>에서 말했다. "스탈린주의, 레닌주의, 공산주의에 둘러싸여 있었고 진짜 정보는 뭐든 부족했어요. 패션 잡지는 둘밖에 없었는데 정보가 희박했고, 서방세계에서 일어나는 일은 아무것도 알 수 없었죠." 이 말을 보면 그때의 척박함이 지금 뎀나 즈바살리아의 옷에 구현되는 걸 알 수 있다. 모르는 사람이 봐도 베트멍의 옷은 사이즈가 안 맞아 보인다. 너무 크거나 너무 작다. 옷이 몸에 맞지 않는 건 생각 외로 많은 걸 의미하는데 그걸 요약하면 '여유 없음'이다. 몸에 맞는 옷을 살 경제적 여유가 없거나, 몸에 맞는 옷을 입어야 한다는 사회적 약속 혹은 개인적 강박이 없거나. 지금의 뎀나는 구소련의 척박을 실루엣화하고 있다.

시대의 실루엣을 만드는 건 대단한 재능이다. 그 실루엣이 어디서 왔는지는 별로 중요하지 않다. 더 중요한 건 그 실루엣이 사람들에게 받아들여지는 것이다. 흥미롭게도 실루엣을 비롯한 새로운 시대정신을 만드는 사람은 그 사회의 주류 출신이 아닌 경우가 많다. 새로운 건 변방에서 온다. 변방에서 주류를 관찰한 자들이 운 좋게 주류 변두리에서 자리를 잡으면 그 변방의 시선이 갑자기 주류 한가운데로 들어가며 기존의 세계를 급격히 바꾼다. 예를 들어 프랑스-독일의 국경지역에서 태어난 별 볼 일 없는 축구선수가 경제학 박사를 따고 일본에서 감독생활을 거친 후 런던의 어느 축구팀 감독이 되어 현대 축구의 모든 것을 바꿨다. 아스널의 아르센 벵거다. 아르센 벵거가 아스널을 바꾸고 10년 남짓 지나자 FC 바르셀로나의 통역사였던 남자가 어떻게든 런던의 부자 동네에 있던 약팀 감독이 된 후 어떻게든 이기는 게임과 트래시 토크로 현대 축구를 한 번 더 바꿨다. 맨체스터 유나이티드의 조제 무리뉴다. 어제 변방에 있던 자들의 통찰과 야심이 오늘의 시대정신이 된다.

뎀나 즈바살리아도 마찬가지였다. 그는 주류 패션계와는 처음부터 달랐다. 뎀나가 나고 자란 조지아는 이 글을 읽는 당신뿐 아니라 서양 사람들도 어딘지 잘 모른다. 뎀나의 고향을 말하며 "애틀랜타 주 조지아가 아니다."라고 표현한 기사도 있었다. 그런 사람이 만드는 옷은 다를 수밖에 없다. 영국 신문 <가디언>은 뎀나와의 이야기를 다룬 2018년 기사에서 제인 버킨의 파리는 잊으라고 썼다. 대신 뎀나의 파리는 포르노 숍과 패스트푸드의 도시, '글래머러스'의 의미가 딱 붙는 청바지와 가짜 핸드백인 도시, 골목마다 들려오는 다른 나라의 언어가 배경음인 도시다. 뎀나는 21세기 대도시의 스트리트웨어를 런웨이로 올렸다.

"베트멍은 입으면 편해요." 베트멍을 종종 입는 백진희의 말은 뎀나 즈바살리아와 베트멍의 핵심을 지적한다. "디올이나 랑방이랑은 달라요. 그런 옷은 보면 예쁘죠. 그런데 아무나 못 입어요. 그 옷에 맞는 몸이어야 랑방이나 디올을 소화할 수 있어요. 베트멍은 달라요. 생긴 게 좀 신기해서 그렇지 막상 입으면 조금 키가 작거나 살이 있어도 내 체형의 단점을 가려줘요. 편하게 입을 수 있어요." 입기 편하다는 것. 지금 스트리트웨어의 특징 중 하나이기도 하다.

20세기 후반부터 하이 패션계에는 '이상한 옷' 그룹(엄밀히

251

말해 이런 옷 그룹은 없다. 이건 내가 대충 만든 말이다.)도 있다. 꼼 데 가르송이나 릭 오웬스처럼 패션계를 넘어 해외 토픽에까지 가끔 나오는 옷 말이다. 베트멍도 신기하게 생기기로는 못지 않으니 그쪽 계보를 잇는 걸까? 대신 입기는 편하니까 이상한 옷 그룹의 이상함을 소비자 친화적으로 계승하는 걸까? "전혀 아닌데요."라고 아티스트 황나경은 말했다. "베트멍은 애초부터 스타일링에서 출발한 브랜드고 꼼 데 가르송이나 릭 오웬스같은 건 개념미술을 패션으로 만든 거라서 둘은 출발선이 아예 달라요. 베트멍의 시각 레퍼런스는 오히려 길거리 패션의 스냅사진일 것 같아요." 역시 거리의 옷인 셈이다.

거리의 옷이 쿠튀르의 감각을 만나서 잘된 것도 새로운 일은 아니다. 좀 먼 예지만 비비안 웨스트우드가 그렇게 성공했다. 에디 슬리먼도 그 방법론으로 하이 패션계에 안착했다. 베트멍도 우선은 거기서부터 왔다. 개념을 따오는 시선과 실물을 만드는 능력으로 성공했다. 시대의 상징이 됐다. 그런데 정말 중요한 기로는 아이콘이 된 후에 온다. 무엇을 더 할 것인가?

아이콘이 되고 나서 할 수 있는 일은 크게 둘로 나눌 수 있다. 하나. 아이콘의 신화적인 이미지를 유지한다. 이자를 받는 전략이다. 아니면 신화적인 이미지를 밑천 삼아 더 큰 뭔가를 벌인다. 공격적인 투자 전략이다. 아이콘은 뭘 해도 상관없다. 뭔가 되고 나면 영화 <로마 위드 러브>의 로베르토 베니니처럼 칭송을 받는다. 가만히 있으면 "오, 가만히 있다!"가, 뭔가 하면 "오, 뭔가 했다!"가 된다. 뎀나 즈바살리아는 공격적으로 나갔다. 그 결과 DHL 티셔츠가 나왔다. 그리고 모든 게 변했다.

베트멍이 DHL의 이미지를 사용한 식의 '이미지 칵테일'도 처음은 아니다. 이것도 스트리트웨어에서 많이 일어나던 일이다. 꼼 데 가르송을 패러디한 '꼼 데 펔다운'이나 에르메스 로고를 패러디한 '호미스' 같은 시도가 이미 있었다. 더 거슬러 올라가면 그 유명한 슈프림도 2001년 루이 비통 로고와 비슷한 로고를 스케이트보드에 달았다가 루이 비통과 소송까지 간 적도 있다.

뎀나가 달랐던 건 배짱이었다. 거리의 친구들이 하던 일을 값비싸고 고고하고 속물적인 하이 패션의 세계에서 했다. DHL 티셔츠는 미슐랭의 별을 받은 레스토랑에서 짜파게티와 너구리를 섞은 짜파구리를 만든 후에 웨지우드 접시에 담아서 낸 듯한 일이었다. 심지어 뎀나는 패러디도 없이 DHL의 색과 로고를 그대로 갖다 붙였다(법적 허가는 얻었다고 한다). 기법은 같되 용기가 다르다. 어떤 때는 용기가 전부다.

DHL 티셔츠의 인기를 두고 많은 견해가 나왔다. '인스타그램을 겨냥한 웃긴 것'이다. '눈에 띄고 웃기면 된 거다' 같은 의견이 나왔다. 그 의견 뒤에는 '우아하고 아름다운 패션의 시대가 가고 한번 웃기고 마는 게 전부인 패션의 시대가 되다니'라는 한탄이 묻어 있었다. 이 견해와 한탄과 베트멍의 매출과 유명세를 따라가다 보면 중요한 질문에 닿는다. 지금 세상에서 비싼 옷의 의미는 뭘까?

옷은 필수품이지만 비싼 옷은 사치품이다. 현대 사치품 전 분야의 공통점은 구세대 상류층의 교양이라는 점이다. 옛날 사치품은 어려웠다. 페라리를 즐기려면 숙련된 운전기술이 있어야 했다. 진정한 파텍 필립 애호가라면 시계를 둘러싼 일종의 세계사적, 미술사적 지식이 필요했다. 즉 돈 말고도 다른 진입장벽이 있었다. 그 진입장벽은 옛날 교양이었고, 체계적으로 익힌 기술이었고, 교육이 필요한 지적 배경지식이었다. 반면 최신형 사치품은 그런 식의 진입장벽을 최대한 낮췄다. 자동차는 운전하기 쉽고 시계는 왜 비싼지 바로 알 수 있다. 배경지식이 필요한 사치품은 이제 사치품계의 주류가 아니다. 주류는 낮은 지적 진입장벽, 눈에 확 띄는 특징, 높은 자극성, 편리한 사용성이다. 장벽은 높은 가격과 최소한의 트렌드 정보뿐이다. 즉 돈이 있고 요즘 트렌드를 알면 상당 부분 된다. 베트멍은 그런 시대를 읽은 뎀나 즈바살리아의 대답이다.

성공한 브랜드에는 반전 요소가 있다. 베트멍에도 그게 있다. 베트멍은 전위적으로 보이지만 실용적이다. 장난처럼 보이지만 진지하게 판매 가능한 아름다움을 고민한다. 이상하게 생겼지만 의외로 누구나 입을 수 있다. 베트멍을 둘러 싼 입소문마저 이들의 계산 안에 있다. 베트멍은 유통업자에게 판매하는 의류의 수량을 정해 두고 너무 많이 팔지 않는다. 품절을 유발시키는 전략이다. 제조와 유통에서 품절은 매출이 날아가니 있을 수 없는 일이지만 베트멍에게 품절은 매출 손실이 아닌 입소문 생산이다. 굉장히 도전적인 전략이다. 베트멍은 로고와 소매 길이로 장난을 치며 패션 시장의 소비자들에게 끝없이 질문한다. 이것도 하이 패션인가? 당신은 이것까지 예뻐 보이나? 그래서 이것까지 살 것인가? 베트멍이 하는 일은 아름다움과 패션 비즈니스라는 개념에 대한 공학적 한계실험에 가깝다고 볼 수도 있다.

그래서 가만히 있던 DHL이 2015년의 어느 날 패션 월드의 한복판에 떨어지게 됐다. DHL이 오랫동안 유지해 온 강력한 브랜드 이미지 기조가 있었기 때문일 것이다. 물론 DHL 티셔츠는 한 번만 나왔다. 이제 그 티셔츠를 사려고 애타게 매물을 찾는 사람은 없다. DHL에게도 베트멍에게도 한 번 재미있고 말았던 일이었다. 여기서는 그 한 번이 중요했다.

변방에서 온 아이콘은 늘 위기다. 이들은 늘 쫓겨날 수 있으며 영원히 자리잡지 못할 수도 있다. 뎀나 즈바살리아와 베트멍도 마찬가지다. '이것까지 아름다울까?'라는 실험과 비즈니스에서의 수익구조 창출을 동시에 진행하는 건 당연히 어렵다. 하이 패션을 비롯한 이미지 비즈니스는 실험과 상행위가 한 공간에서 일어나는 특수한 비즈니스다. 그 두 축이 모두 잘 돌아가야 건강하게 생존한다. 뎀나 즈바살리아는 베트멍의 성공에 힘입어 발렌시아가의 크리에이티브 디렉터가 되었다. 거기서 버니 샌더스의 로고와 이케아 쇼핑백을 패러디해 또 인기를 끌었다. 하지만 언제까지 그렇게 패러디로 하이 패션에 있을 수 있을까? "300만 원짜리 옷을 한 번 입고 나서 질리는 건 문제예요. 발렌시아가 입고 나가면 예뻐요. 그런데 다음에 그 옷을 또 입고 나가면 '그것밖에 없어?' 같은 느낌이 들어요." 백진희의 말은 뎀나 즈바살리아의 한계에 대한 정확한 지적이다.

"리스크를 감수하는 건 어릴 때부터 익숙했어요. 그게 베트멍의 DNA이기도 하고요." 뎀나 즈바살리아는 여전히 자신 있는 것 같다. 그는 2018년 〈가디언〉과의 인터뷰에서 이렇게 말했다. 이 말이 베트멍의 모든 행보를 설명하는 것 아닐까. "지금의 패션계에서는, 살아남으려면 리스크를 감수해야 해요." 이 말은 패션계를 넘어서 아주 여러 곳에 통용될 수 있다.

앞으로 뎀나 즈바살리아가 어떻게 될지는 모른다. '아 DHL 티셔츠 만들던 그 사람?' 정도로만 남고 사라질 수도 있다. 하지만 뎀나 즈바살리아가 지금의 모습으로 뭔가를 하고 있다는 자체가 패션 산업이 완전히 바뀌었다는 증표다. 동유럽 출신 패션 디자이너, 스트리트웨어와의 엄청난 혼합, 인

스타그램과 전자상거래 등 지금의 홍보 및 판매망에 특화된 물건과 판매전략. 모두 지난 시대에는 상상도 할 수 없었던 일이다. 뎀나 즈바살리아는 기술의 발전이 패션의 미래에 미칠 영향에 대해 이렇게 말했다. "거의 모든 게 변할 겁니다." 하지만 뎀나 즈바살리아의 존재 자체가 그가 말한 '거의 모든 변화'의 일부다.

　뎀나 즈바살리아의 룩을 한 마디로 표현하면 자본주의일지도 모르겠다. 그는 1990년대까지 척박한 무채색의 동구권에 살다가 갑자기 벌에 쏘이듯 자본주의의 총천연색에 노출됐다. 그에게 자본주의란 <032c>와의 인터뷰에서 하나씩 언급한 환타, 코카콜라, <보그>였다. 동구권 소년의 눈에 비친 새로운 세계는 아주 채도가 높은 브랜드 컬러 아니었을까. 다국적 거대 기업이 운영하는 글로벌 브랜드들의 눈에 확 띄는 그 색깔 말이다. 그렇게 치면 뎀나가 왜 UPS가 아닌 DHL을 골랐는지도 이해할 수 있을 것 같다. 더 눈에 띄니까.

엄청나게 저렴하고
믿을 수 없게 얇은

유니클로(Uniqlo)가
보여주는 시대정신

유니클로에 대해 글을 시작하려니 며칠째 머리가 멈춘 것 같았다. 유니클로에는 확실히 의미 있는 뭔가가 있었다. 다만 그 뭔가를 어떤 방식으로 이야기해야 할지 생각이 나지 않았다. 고민하다 어느 날 매장에 가 보기로 했다. 가면 보이는 게 있겠지. 그래서 평일 저녁때의 어느 날 평소에 잘 가지 않는 4호선 명동역에서 내렸다. 여기 한국에서 가장 큰 유니클로 매장이 있다. 이름부터 유니클로 명동중앙점이다.

유니클로 명동중앙점은 명동역 8번 출구 옆에 있다. 무척 좋은 위치다. 지하철역 출구에서 나오면 말 그대로 눈앞에 보인다. 큰길 바로 옆에 있어서 보행자뿐 아니라 차로 오가는 사람들 눈에도 잘 띈다. 명동에서 약속을 잡는다면 "유니클로 앞에서 봐."라고 해도 될 정도다. 유니클로 명동중앙점이 생긴 2011년 이전에 이곳은 실적이 좋지 않던 명품 아울렛 '하이 해리엇'이 있었다. 명품 아울렛이 빠진 자리에 아시아의 SPA 브랜드 대형 매장이 들어섰다는 것부터 상징적이라는 생각이 들었다.

대형 브랜드의 대형 매장에게는 이런 자리가 필요하다. 상징적인 동네의 눈에 잘 띄는 곳에서 최대한 큰 공간을 확보할 수 있는 자리. 일본 도쿄 긴자와 미국 뉴욕 5번가의 유니클로 매장도 비슷한 전략이다. 대형 브랜드가 세를 과시하기 위해서라도 중심가의 대형 매장이 요긴하다.

매장에 들어가기 전에 바깥을 잠깐 둘러보았다. '한국에서 가장 큰 유니클로 매장'이라는 말이 영어로 쓰여 있었다.

맞는 말이지만 롤렉스라면 이런 말을 써두지 않는다.

매장에서 문을 열자마자 보이는 물건은 글의 첫 문장과도 비슷하다. 이들이 어떤 물건을 늘어놔서 팔고 싶어 하는지가 드러난다. 내가 갔던 2018년 6월 초의 매장 맨 앞에는 남성용이지 앵클 팬츠와 카카오 프렌즈와의 협업 티셔츠가 있었다. 그게 가장 먼저 밀어내야 하는 물건이었던 셈이다. 이것부터 유니클로 전략의 산물이다. 유니클로의 비즈니스 모델은 계절에 맞는 물건을 아주 많이 만들어서 국제적으로 뿌린 후 단번에 파는 것이다. 적어두면 간단하지만 이걸 할 수 있는 한 키우고 최적화해 실행하는 건 간단한 일이 아니다.

1층을 돌아보았다. 매장의 맨 앞뿐 아니라 1층 전체가 지금 팔아야 하는 것들이었다. 4층 규모로 이루어진 매장에서 1층은 남성복과 여성복, 시즌 티셔츠를 함께 깔아두고 있었다. 그제서야 유니클로를 어떻게 말해야 할지가 조금씩 보이기 시작했다. 이 1층 안에 유니클로의 모든 게 있었다. 지금의 유니클로는 첨단소재 노하우를 가진 기술기업이다. 최고의 패션 디자이너를 모신 패션 기업이다. 어떻게든 극한의 수준으로 원가를 떨어뜨리는 초대형 기업이자 모국인 일본 외의 다양한 국가에서 사업을 벌이는 다국적 기업이다. 유니클로가 해 온 모든 도전이 명동중앙점 1층에 들어 있었다.

2층으로 올라갔다. 여성복 코너다. 브라톱을 많이 팔고 있

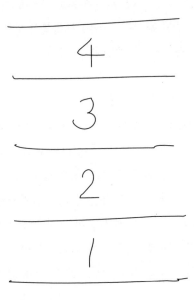

었다. 브라톱은 유니클로의 성공 비결이 무엇인지 보여주는 물건 중 하나다. '브라톱은 탱크톱과 캐미솔의 가슴 부분을 일체화시킨 콘셉트의 옷'이라고 한다(내가 입지 않는 장르의 옷이라 정확히 알 수 없어서 나가노 준조 씨의 <유니클로 증수증익의 비밀>을 인용했다). 실제로 각종 브라톱이 벽 한가득 걸려 있었다. 브라톱은 유니클로가 개발하는 게 무엇인지를 보여주는 예이기도 하다. 브라톱을 보급시키기 위해 유니클로는 두 가지를 개발했다. 하나는 신소재다. 기존의 브라톱 소재는 시간이 지나면 누렇게 변색되었다. 그 소재를 개량해 다양한 종류의 옷에 적용될 수 있도록 했다.

거기 더해 유니클로는 개념을 개발했다. 브라톱은 원래 속옷 카테고리에 있다가 외출복 카테고리로 넘어갔다. 이너웨어가 아우터웨어로 넘어간 셈인데, 이러려면 소비자들에게 '이건 외출복입니다'라는 개념을 인지시킬 필요가 있었다. 그 개념을 사람들에게 심어 주기 위해 유니클로는 대대적인 광고 캠페인을 전개했다. 결과적으로 유니클로는 성공했고, 브라톱은 2009년에만 통틀어 900만 벌을 팔았다. 신개념의 옷을 디자인하고 그를 뒷받침하는 소재를 만든다. 유니클로가 자리잡은 중요한 비결이다.

쇼케이스 근처에 있는 광고 입간판이 보였다. 유니클로의 일관적인 성격이 광고 입간판에도 있었다. 낮은 가격과 고상한 이미지. 가격은 유니클로 제품의 일관적인 매력이다. 19,900원, 할인가 12,900원 등의 낮은 가격이 곳곳에 빨간

바탕으로 쓰여 있었다. 반면 그 사이에 있는 제품 이미지 사진은 전혀 달랐다. 하이엔드 브랜드가 떠오를 정도로 고상한 모델 사진이었다. 이질적이었다.

여기에 유니클로의 발전상이 있다. 유니클로는 처음부터 낮은 가격과 그에 비해 높은 품질로 시작했다. 그 결과 사업적으로는 성공했지만 패션 산업은 그게 전부가 아니었다. 우리 모두 싼 건 좋아하지만 싸 보이는 건 싫어한다. 유니클로에게도 마찬가지였다. 한때 일본에서는 유니클로를 입은 걸 숨긴다는 뜻의 '유니바레'라는 말까지 유행했다. 저렴한 건 좋아하지만 티가 나는 게 싫다는 게 모순일지 인간의 자연스러운 면모일지는 모르지만 아무튼 기업 입장에서는 골치아픈 일이다. 유니클로의 숙제이기도 했다. 판매가를 맞추되 저렴한 느낌이 나지 않는 것.

유니클로는 우선 새로운 의복 개념을 만들어서 이에 대응했다. 대표적인 게 2층 가득 있던 브라톱이었다. 브라톱은 말하자면 속옷의 겉옷화다. 반대로 겉옷을 속옷화하기도 했다. 겨울의 울트라 라이트 다운이 대표적인 예다. 생각해 보라. 울트라 라이트 다운을 입기 전에는 오리털 옷이 옷과 옷 사이에 껴 입는 옷이 아니었다. 울트라 라이트 다운 역시 브라탑처럼 옷과 개념을 동시에 만든 경우다. 1)다운이 두꺼웠던 이유는 섬유 사이에 '다운 팩'을 넣고 꿰맸기 때문이다. 2)유니클로는 '다운 팩' 없이 바로 섬유 사이에 다운을 넣는 기술을 개발했다(털이 조금 더 잘 빠질 수 있지만 확실히 얇고 싸다). 그러고는 3) '외투와 옷 사이에 얇은 다운 옷을 입는다'는 개념을 만들었다. 4) 이 새로운 상품에 '울트라 라이트'라는 긍정적인 어감의 이름을 붙여서 판매했다. 훌륭한 발상이다.

마케팅 기법처럼 보일 수도 있다. 하지만 소비자들은 잠깐 속아도 오래 속지는 않는다. 유니클로의 브라톱과 울트라 라이트 다운은 모두 첨단 소재산업의 결과물이다. 유니클로는 2006년부터 일본의 섬유회사 도레이와 긴밀하게 협조하고 있다. 도레이 안에 유니클로 전담팀을 두고 독자 기술을 사용해 단독 신소재를 만들어 낸다. 소재는 설계도가 없으면 베낄 수 없다고 한다. 유니클로를 사야 할 확실한 이유가 만들어진 셈이다. 유니클로만 갖고 있는 그 기술이 어떻게 쓰이고 있는지는 올 여름 유니클로 매장의 남성 층에 가면 알 수 있었다.

감탄 팬츠. 유니클로 최신 기술의 집대성이다. 감탄 팬츠의 설명을 보자. "항균 방취 기능을 더해 (중략) 냄새가 신경 쓰이지 않습니다." "이지케어 가공 처리로 세탁 후에도 주름 현상이 적으며" "뒷포켓 안쪽과 웨이스트 구멍에 격자 모양의 구멍을 뚫어 (중략) 경량화 및 속건 기능을 강화" 등의 설명이 이어진다. 주름이 덜 가고 항균 방취 기능을 더했다는 이야기다. 여기도 유니클로의 성공공식이 이어진다. 태그에 적혀 있는 감탄 팬츠의 소재는 100퍼센트 폴리에스테르다. 하지만 이 옷의 이름은 신소재 폴리에스테르 팬츠가 아닌 감탄 팬츠다. 캐시미어 스웨터는 캐시미어 스웨터인데 말이다.

일찍이 이런 패턴으로 성공한 모델이 있다. 히트텍이다. 히트텍 역시 합성섬유 내복이지만 신소재를 쓰고 이름을 바꿔서 이미지를 새로 얻었다(물론 더욱 따뜻했다). 새로운 합성섬유 소재를 만들고 다른 이름을 붙여서 대량 판매를 하는 방식은 이제 유니클로의 고전이라고도 할 수 있는 성공 방식이 됐다. 유니클로 3층 곳곳에서 그런 공식으로 만들어진 라인업의 이름을 볼 수 있다. 감탄 팬츠, 히트텍, 에어리즘, 울트라 라이트 다운.

이름에는 힘도 있지만 한계도 있다. 히트텍이라는 이름을 붙여도 결국은 합성섬유 내복이고 아무리 감탄이 나오는 감탄 팬츠라도 결국은 폴리에스테르 바지다. 소비자는 잠깐 동안은 이게 싼 게 아니라는 생각을 할 수도 있지만 결국 그건 잠깐일 뿐이다. 'OO 같은 것'과 'OO'은 다르다. 아무리 해도 합성섬유는 면이 아니고 울 라이크는 울이 아니며 단가가 낮으면 단가가 낮은 티가 난다. 유니클로가 한때 사람들이 사긴 하지만 샀다는 사실을 숨기고 싶어 하는 옷으로 내몰린 이유이기도 하다. 유니클로는 인간의 모순에 대응하는 방법을 고민하다가 답을 찾아냈다. 그 답은 4층에 있었다.

패션성 강화. 유니클로가 스스로의 숙제로 몇 년 전 붙인 이름이다. 대기업 특유의 멋없는 캠페인 이름이지만 저 숙제를 만들어 낸 이후로 유니클로는 무척 달라졌다. 질 샌더와 함께 옷을 만들었다. 그 후에도 이네스 드 라 프레상쥬, 카린 로이펠트 등과 함께 컬렉션을 만들었다. 각자 훌륭하지만 질 샌더만큼 유명하지는 않은 브랜드와 함께였다. 그러다 2015년에는 진짜 유명한 크리스토퍼 르메르와 함께하더니 곧 JW 앤더슨의 조너선 앤더슨과 함께했다. 4층에는 그 디자이너 레이블의 최전선인 유니클로×토마스 마이어의 옷들이 전시되어 있었다.

패션성 강화 라인은 유니클로에게 매출만으로는 설명할 수 없는 가능성을 주었다. 우선 유니클로의 약점에 대한 직접적인 대응책이 됐다. 환상을 팔아야 하는 패션 회사에 패션성이라는 환상이 없다면 곤란하다. 유니클로 입장에서는 패션성 강화 상품을 통해 미끼상품을 하나 늘렸다. 브랜드의 척추 역할을 하는 첨단섬유 상품(히트텍, 에어리즘)에 더해 패션 시즌에 맞춰 내는 프리미엄 상품을 추가했다. 가격에 민감한 소비자를 잡는 동시에 패션에 예민한 소비자에게도 뉴스를 보낼 수 있게 된 셈이다.

거기 더해 유니클로의 패션성 강화 라인은 수량을 조절해 만들어진다. 마치 오프 화이트나 슈프림처럼 물량을 조절해 고객을 불러들인다. 오프라인 매장이든 온라인 몰이든, 유니클로는 일단 들어가면 생각보다 더 살 게 많다. 싸니까. 이렇게 유니클로는 손님을 유혹하고 한벌 더 사게 한다.

지금 유니클로의 디자이너 레이블은 자연스럽게 해당 브랜드 안에서 일종의 프리미엄 레이블이 되었다. 프리미엄 역할을 준다는 건 유니클로가 이 옷에 사용한 소재를 봐도 알 수 있다. 지금 유니클로에서는 면 100퍼센트나 울 100퍼센트 바지를 찾기 쉽지 않다. 2018년 6월 기준으로 면 100퍼센트 바지는 하나뿐이고 울 100퍼센트 바지는 없다. 하지만 UU 등의 프리미엄 라인에서는 아직 면 100퍼센트나 울 100퍼센트 바지가 꽤 많이 나온다. 그 외에도 프리미엄 레이블의 소재는 보통 유니클로보다 전반적으로 좋은 소재를 쓸 때가 많다.

SPA 브랜드가 유명 디자이너와 함께한 것도 유니클로가 처음은 아니다. 일찍이 스웨덴의 H&M이 이런 전략으로 효과를 봤다. 유니클로는 몇 가지 면에서 H&M과 확연히 달랐다. 우선 덜 유명하고 더 단정한 브랜드와 많이 협업했다. 이네스 델 라 프레상쥬 같은 건 H&M 콜라보레이션이라면 안 했을 법한 수수한 브랜드다. 모 브랜드인 유니클로와 각 패션 디자이너들이 더 어울린다는 것도 유니클로 내 디자이너 레이블의 장점이다. 토마스 마이어나 크리스토퍼 르메르는 럭셔리 브랜드 중에서도 고급 소재와 절제된 실루엣이 장기인 보테가 베네타와 에르메스에 있었다. 유니클로의 첨단 소재 역시 남다른 소재인 건 확실하니 이들과 잘 맞는다고 볼 수도 있겠다.

1층부터 4층까지 일관적으로 이어지는 유니클로의 가장 큰 정체성은 결국 가격이다. 너무 싼 가격. 동시에 너무 싼데도 어느 정도의 품질을 유지하고 있다는 점이다. '어느 정도'라는 말은 유니클로의 가격과 품질을 생각하면 너무 냉정한 말이다. 동남아시아에서 바지 공장을 운영하는 어느 한국인은 유니클로의 바지를 보고 "도저히 이 가격에 이렇게 만들수 없다"고 말했다고 한다. 유니클로는 단가를 생각했을 때믿을 수 없을 정도의 품질을 뽑아내고 있다.

그 비결은 생산단계 각 과정에서 극도의 효율과 품질을 동시에 추구했기 때문이다. 우선 유니클로는 직영 공장이 없다. 전부 다 계약해서 운영한다. 그런데 소재 생산, 원사 생산, 염색, 봉제를 모두 다른 나라에서 진행한다. 유니클로 전에는 이 모든 걸 한 업체가 했다. 그런 걸 하는 업체는 당시 주로 중국에 있었고, 일본에는 생산공장과 의류 브랜드를 이어주는 상사도 많았다. 지금도 상사라는 에이전트 시스템을 활용하는 소규모 브랜드가 많다. 편리한 대신 가격경쟁력이 떨어지는 시스템이다.

유니클로는 몇 년에 걸쳐 천천히 가격에 영향을 미치는 요소들을 떼어냈다. 우선 상사를 뺐다. 그 후에는 원단 발주 과정을 해체했다. 원사 생산과 염색과 직조를 다 다른 곳에 맡겼다. 발주를 받는 해당 업체는 공정이 분할될수록 마진이 낮아진다. 좋아할 리가 없다. 하지만 유니클로는 발주량이 엄청나게 많았다. 몇 백만 벌의 옷을 만드는 손님이라면 협상력이 높아질 수밖에 없다. 천문학적인 생산량이 유니클로의 기본 경쟁력이다.

이 모든 사실이 가리키는 지점은 명확하다. 불경기다. 유니클로는 전형적인 불황형 대기업이다. 저렴한 가격을 내세워 국제적인 인기를 끈다. 그러려면 많이 만들어야 하고, 많이 만들기 위해서는 많은 나라에서 팔아야 한다. 지금까지 유니클로는 그 사이클에서 성공했고, 덕분에 지금처럼 긴 불경기에도 계속 성장세를 보인다. 그래서 유니클로에게 해외 진출은 필수다. 계속 대형 시장으로 진출해야 발주량을 늘려서 단가를 맞출 수 있다.

대신 물가상승률을 무시할 정도로 가격을 맞추다 보니 필연적으로 생기는 반사효과가 있다. 옷이 얇아진 것이다. 한국에 유니클로가 들어온 지는 10년 조금 넘었다. 그때 산 스웨트셔츠를 갖고 있다면 지금의 유니클로와 흥미로운 대조군이 될 수 있다. 옛날 유니클로는 지금 유니클로에 비해 굉장히 두껍고 튼튼한 느낌이 난다. 면 함량도 100퍼센트. 양말 역시 몇 년 전부터 합성섬유 소재가 들어가고 있다.

하지만 일개 소비자 입장에서 나는 유니클로를 계속 사게 된다. 싸고 품질이 좋으니까. 심지어 원고를 쓰기 위해 매장에 구경을 간 건데도 본분을 잊고 장바구니를 들었다. 세일하는 것도 사고, 명동중앙점 등 일부 오프라인 매장에서만 파는 토마스 마이어나 JW 앤더슨도 샀다. 유니클로의 매장 대형화 전략이 이끄는 대로 소비한 셈이다. 계산대 앞에는 '옷의 힘'이라는 팸플릿이 있었다. 옷으로 하는 사회적 사업의 이야기였다. 유니클로는 지금 안 입는 옷을 세계의 난민에게 보낸다든가 하는 활동을 이어가고 있다. 21세기 대기업의 필수요소인 사회적 공헌에도 지금 유니클로는 열심이다.

4층까지 다 돌아보고 1층으로 다시 내려왔다. 다시 본 1층은 유니클로판 도전과 응전의 축소판이었다. 해외 시장에서 성공했다(서울 매장). 패션성을 증가시켰다(한 켠의 토마스 마이어). 다양한 신소재를 개발했다(에어리즘과 감탄 팬츠). 그 결과 성공했다(계산대 앞에 줄을 선 사람들). 이들의 연간 보고서를 보면 매출도 꾸준히 증가하고 있다. 특히 한국 등 동아시아에서 매출 증가폭이 크다.

"패션은 더 민주화되어야 한다." 유니클로와의 협업이 발표된 후 조너선 앤더슨이 <가디언> 인터뷰에서 한 말이다. 멋진 말이다. 어디 건배사에서 써도 좋겠다. 우연이겠지만 폭스바겐이 골프 6세대를 출시했을 때도 비슷한 말을 했다. 프리미엄의 민주화라고. 실제로 골프 6세대의 주행 감각은 무척 고급스럽다.

좋은 말이지만 이런 궁금증이 생기기도 한다. 그러면 왜 전에는 프리미엄이 그렇게 비쌌던 거지? 이 상황에서 민주화라는 말에는 조금 다른 속뜻이 있다. 저가 브랜드가 눈에 보이는 상품성을 끌어올렸지만 가격 방어에 성공했을 때 민주화라는 말을 쓴다. 폭스바겐 골프는 프리미엄급 주행감을 제공하지만 부품 내구성도 프리미엄급은 아니다. 유니클로 역시 사진으로 보면 멋지지만 실제로 보면 종잇장처럼 얇은 옷을 만든다. 유니클로와 폭스바겐을 비난하려는 게 아니다. 이건 저렴한 가격으로 높은 품질을 원하는 소비자들에게 맞춘 기업의 결과물일 뿐이다. 아무튼 지금은 문명세계의 만성적 불경기다. 사람들은 돈을 덜 벌고 덜 쓴다. 옷은 패션이라는 판타지에서 의복이라는 필수품으로 내려앉았다. 하지만 호황을 겪은 사람들은 눈이 높아졌다. 돈이 모자라도 좋은 걸 갖고 싶다. 유니클로가 취할 수 있는 전략은 이 정도밖에 없다.

"기업은 영혼이 없으면 아무것도 아니다." 유니클로 회장 야나이 타다시가 어느 인터뷰에서 한 말이다. 나는 그날 산 얇은 옷들 사이에서 유니클로의 영혼이라는 걸 생각했다. 유니클로의 영혼은 어떻게 생겼을까? 아주 얇을까? 싼값에 사람들의 지친 몸을 감싸느라 기적적으로 얇아졌을까? 지금의 유니클로는 엄청나게 저렴하지만 대신 믿을 수 없을 만큼 얇다. 얇고 저렴한 프리미엄, 이게 지금 세상에서 가장 큰 의류 브랜드의 키워드다.

이 원고를 끝내자 아침이 되어 있었다. 창 밖으로 새 소리가 들렸다. '아, 또 밤을 새 버렸다……'라고 생각하면서 침대로 갔다. 얼마 전에 산 새 파자마에서는 여름이 한창이라는 듯 희미하게 땀 냄새가 났다. 잠결에 깨달았다. 이 잠옷도 유니클로군. 나 역시 얇고 저렴한 프리미엄을 피할 수 없었다. 유니클로 잠옷을 입고 잠이 들었다.

땀과 열을 ㅂ
신소재 이

에어리즘 C

브랜드란 무엇일까?

매거진 <B> 편집장*과의 대화

간단한 자기소개를 부탁드립니다.

매거진 <B>의 편집장으로 일하고 있습니다. 매거진 <B>에
합류한 지는 6년 좀 넘었는데 창간호는 이전 편집장님이
작업을 하셨고, 저는 4호부터 합류해서 지금 69호까지
만들었어요. 편집장이 된 지는 1년 정도 되었습니다.

**63권의 매거진 <B>에 관여하셨군요. 매거진 <B> 전에는
어디에 계셨나요?**

영화잡지, 패션잡지, 리빙 라이프스타일지 등 다양한 장르의
잡지를 경험했어요.

**그 일을 하시며 브랜드에 대한 관심이 자연스럽게 생긴
건가요?**

저는 패션 에디터를 하고 싶었기 때문에 이 일을 시작했어요.
그런데 다른 분들과 달리 제가 패션 자체에 관심이 있는 건
아니라는 걸 서서히 깨달았어요. 알고 보니 저는 패션
브랜드의 움직임에 대해 관심이 많았던 거였어요. 패션
브랜드들이 어떤 전략을 취하는지.

말하자면 패션 브랜드의 캐릭터 플레이요?

네. 어떤 디자이너를 써서 어떤 콘셉트의 옷을 만드는지에

*박은성 편집장.

관심이 있었던 거예요. 옷 자체에 대한 광범위한 지식이나 스타일링처럼 패션 에디터들에게 요구되는 소양을 갖추기보다는 패션 비즈니스 필드의 움직임을 보기를 더 좋아했어요. 우리가 브랜드라는 단어를 쓰게 된 계기도 패션 브랜드일 거예요. 사람들에게 브랜드라는 개념을 인식시키는 데 패션 브랜드가 큰 기여를 했다고 생각해요. 제 경우에는 어릴 때 게스라는 청바지 브랜드에서 '브랜드'를 인지했거든요. 요즘도 마찬가지 아닐까요? 나이키나 아디다스 등으로 브랜드라는 것을 인식할 것 같아요. 그래서 제가 겪은 패션 잡지 경력을 아주 소중히 여깁니다. 기본적으로 브랜드의 성질을 가장 잘 표현하는 곳이 패션 씬이니까요. 그런 면에서 보면 내가 전부터 브랜드에 관심이 많았다는 사실을 이제 와서 깨닫고 있어요. 지금도 브랜드에 대해서는 패션 브랜드의 연장선에서 생각해요. 다른 브랜드를 패션 브랜드에 빗대 생각할 때도 많고요.

그렇죠. 아무래도 브랜드라는 건 시각 이미지가 주는 느낌이 기반이 되니까요.
그걸 가장 총체적으로 잘하는 곳이 패션 디자이너 브랜드인 거죠.

그러면 이 질문은 좀 뒤에 하려 했는데, 기업과 브랜드는 같은가요?
그 답은 '다르다'에 더 가깝지 않을까요. 기업이 좀 더 큰 개념인 것 같아요. 기업 안에 브랜드가 있죠. 기업은 운영과 이윤을 내는 구조를 만들고, 브랜드는 기업 안에서 어떤 이윤을 창출하기 위해 대중과 소통하는 가상의 이미지를 만드는, 영혼 같은 것이라고 생각해요.

영혼. 말 되네요.
네. 제품이나 서비스의 소울이라 할 요소를 뭉쳐서 브랜드의 캐릭터를 만드는 것? 어찌 보면 사람을 하나 만드는 거라고 해도 다르지 않을 것 같아요. 기업은 사람의 인격이라기보다는 시스템이고, 시스템 안에 어떤 영혼을 갖춘 캐릭터를 하나 만들어 주는 게 브랜드라고 봐요.

기업도 법적으로는 법인(法人)으로 하나의 인격처럼 취급되잖아요. 그런 것처럼 기업 법인의 캐릭터가 브랜드라고 할 수도 있겠네요.
그렇게 볼 수도 있죠.

그런데 꼭 기업만 브랜드를 하는 건 아니죠?
국가도 마찬가지로 브랜딩을 해서 브랜드를 만들 수 있잖아요?
매거진 <B>가 도시 이슈를 할 때도 그 생각을 했어요. 흥미롭게도, 공간 규모가 도시보다 커지거나 작아지면 어떤 하나의 브랜드로 묶기 어려워지더라고요.

도시보다 큰 국가는 하나의 브랜드라고 하기에는 너무
일관성이 떨어진다는 의미인가요?
네. 도시보다 작아져도 브랜드의 꼴을 갖출 만한 기본 단위가
생성되지 않는 느낌이고요. 하루 안에 오갈 수 있는 지리와
공간적인 규모가 도시를 브랜드로 만들어 주는 것 같기도
해요. 요즘 교통수단 발전으로 이동 시간이 짧아지고는
있지만 대부분의 국가는 일일 생활권으로 부르기엔 어려운
면이 있잖아요. 미국처럼 큰 나라는 더더욱 그렇고요.
그래서 공간 개념을 브랜드화한다면 도시 정도가 적당하지
않을까 해요.

기업이 운영하는 브랜드에는 브랜딩 담당 같은 주체가
있잖아요. 그들이 특정 브랜드의 정체성을 끌고 가면서
이미지를 만들어 나가고요. 그런데 도시라는 브랜드에는
그 브랜드를 이끄는 주체라는 게 있을 수 있나요?
시장이나 지방자치단체가 어딘가를 지원하거나 융성시키는
걸 도울 순 있어도 그쪽이 도시 브랜드의 주체라고 하긴
어려울 텐데요.
도시 브랜드를 만들어 가는 사람의 절대적인 수는 아주
적다고 생각해요. 적은 수의 사람들이 도시에 이미지를
덧씌우는 일을 하죠. 누가 도시를 만들고 바꾸는지는
시대별로 다른 것 같아요. 서울의 경우를 예로 들면 전에는
그 주체가 대기업이었죠. 문화를 만들려면 자본이 필요할
때가 있는데 한때는 대기업이 그런 일을 했어요. 요즘은

힙스터라는 젊은 크리에이터가 그 역할을 하는 거고요. 그 사람들은 어느 정도 자본을 현명하게 굴리는 여력이 생겼고, 틈새를 비집고 들어간다는 전략도 좀 더 배웠어요. 저는 도시 브랜드를 만드는 게 다수의 사람이라고는 생각하지 않아요. 소수의 사람들이 그 시대에 맞는 '씬'을 이끌어 나가는 것 같아요. 재미있게도 최근에는 카페를 하는 사람들이 서울의 색이나 브랜드를 바꿔 가고 있다고 생각하고요. 트렌드를 바꾸는 주체의 변화만 있을 뿐, 도시라는 브랜드를 만드는 사람은 적을 거라 생각해요.

그런데 트렌드를 제안하는 사람은 소수라도 결국 그 트렌드가 어느 정도 완성되려면 다수의 소비가 필요하지 않을까요? 소비가 단순히 돈을 쓴다는 게 아니라 그 트렌드에 동의한다는 의미일 수도 있으니까요.
좋은 도시란 그 공간을 만든 소수의 당사자들이 혜택을 받을 수 있는 곳이라고도 생각해요. 포틀랜드가 그래요. 그 도시를 멋지게 만든 크리에이터들이 그 도시가 잘 되어서 생긴 혜택을 받아요.

그 혜택이라는 게 무엇일까요?
경제적인 혜택도 포함되겠죠. 어떤 공간을 부흥시키고, 그 부흥된 공간에서 생긴 경제적 부가가치를 어느 정도는 가져가는 거예요. 띄운 사람이 따로 있는데 혜택은 남이 먹는 구조가 되면 좋은 도시라고 할 수 없겠더라고요. 소수가 어딘가를 개발시키고, 그 혜택을 입으면서 자신의 뜻을 더 넓히는 선순환 구조가 좋은 도시의 기본 구조 같아요. 그 선순환이 끊기지 않으면 도시가 계속 발전하죠. 대신 그 혜택이 엄한 사람에게 가면 결국 트렌드를 따라가 버리는 도시가 되더라고요. 지금의 서울은 후자라고 할 수 있죠.

해외에 본사를 둔 브랜드의 현장 취재도 많이 다니신 걸로 알고 있어요. 현장에서 보니 가장 인상 깊었던 브랜드는 무엇이었나요?
미스터 포터가 제일 기억에 남아요.

미스터 포터는 고급 남성복과 남성용품을 판매하는 인터넷 쇼핑몰이에요. 그 브랜드가 인상적이었다니 흥미로워요. 미스터 포터라는 전자상거래 기업이 인상적이었나요, 아니면 미스터 포터라는 무형의 브랜드가 만들어지는 현장이 인상적이었나요?
브랜딩이 흥미롭다에 더 가까울 것 같아요. 미스터 포터가 네타포르테라는 거대 패션 그룹 안에 속했으면서도 네타포르테와는 굉장히 별개 단위로 돌아가고 있었기 때문이에요. 아까 말씀드렸던 브랜드의 인격이나 캐릭터에 대한 존중이 아주 잘 되어 있는 구조였어요. 그렇기 때문에 네타포르테 그룹 안에서 움직이는 일도 있지만, 심지어 네타포르테 여성복과도 일하는 접근 방식이 완전히 달랐어요. 미스터 포터의 캐릭터에 맞춰서 다르게 구현되는

시스템이 있고요. 그래서 자율도가 무척 높다는 느낌을
받았어요. 아주 큰 기업이 아주 작은 브랜드를 이끌고 간다는
느낌이 들어서 무척 재미있었고요.

'아주 작은 브랜드'라는 것에 대해 조금만 더 설명해 주실 수
있나요?
말 그대로 사람이 적었어요. 이 안에서 일하는 사람이
생각보다 적다는 사실에 무척 놀랐어요. 인력 규모 자체는
미스터 포터와 네타포르테가 비교도 안 되는 수준이에요.
1/3 정도나 되려나? 그 작은 규모의 조직 안에서 인력을
나누는 방식도 방만하지 않았어요. 예를 들어 액세서리 부문
전체를 한 명이 맡아요. 그 사람들이 예산이 없어서 그러는 게
아니라고 생각하거든요. 효율적으로 어떤 이미지를
통제하고, 자신들이 말하고 싶은 방향으로 끌고 가려면
오히려 담당자가 한 사람이어야 해서 그런 것 아닐까
싶었어요.

담당자가 적어야 하는 일이라.
네. 캐릭터를 이해하고 구현하려면 오히려 사람을 줄이는 게
효과적일 수도 있달까요. 대신 엘리트 집단으로 구성된
팀이라는 느낌을 받았고요. 정말 잘하는 사람만을 여기
모아서 그 소수의 엘리트 집단이 콘셉트를 만들어요. 실무를
구현하는 사람을 외부에서 쓰고요. 미스터 포터에서
자체적으로 신문이나 웹사이트의 콘텐츠를 만들 때가

그래요. 자기 콘셉트를 만들고 글은 외부 필자에게 맡기는
식이에요. 그런 식의 움직임이 제게는 작은 브랜드가 하는
일과 비슷해 보였어요. 경험이 많은 업계 사람들이 여기에
와서 정말 빠른 의사 결정을 하는 거에요.

시간이 걸리는 일은 외주화하고 본사에서는 경험 많은
사람들이 빠른 의사 결정을 하는군요.
네. 그러면서 지금 패션 씬에서 돌아가는 걸 빨리 찾아낼 수도
있겠죠. 그런 현장을 감각적으로 보여줄 때 시간을 허비하지
않는 느낌이었어요. 미스터 포터에서 만드는 게 거의 모두
온라인 콘텐츠이니 더욱 그래야 할 거에요.

아무래도 시간이 더 중요하겠군요. 기본적으로 패션
비즈니스는 시간과의 싸움인 것 같기도 해요. 유행은 빠르게
변하는데 옷을 만드는 데 걸리는 시간은 정해져 있으니까요.
빨리 대응해야 하는 면이 있죠. 저는 브랜드에 대해 이야기할
때 그런 부분이 제일 재미있기도 해요. 큰 기업이 작은
기업처럼 느껴져야 결국 이 시대에서 성공할 수 있어요.
내가 내 생활 안에서 이 브랜드와 친밀하게 소통하는 것처럼
느껴야 하고, 그렇게 느껴지려면 작은 단위로 브랜드가
움직여야 한다고 생각해요. 실제로는 그 뒤 배경이 굉장히
크다 해도요. 삼성과 애플의 차이가 그것 같기도 해요. 삼성은
늘 기업이라고 느껴지는데 애플은 나와 함께 있는 하나의
브랜드라고 느껴지죠. 그 부분에서 삼성과 애플이 비교되는

것 같기도 하고요.

매거진 <B>에 나오는 브랜드는 모두 성공한 브랜드라고
볼 수 있겠죠. 그렇게 성공한 브랜드를 취재하거나
조사하면서 발견한 공통의 성공 비결이 있나요?
다 다른 게 사실이지만 공통점이 없진 않아요. 브랜드를
이끄는 CEO나 크리에이티브 디렉터가 실무에 얼마나
관여하는지가 영향을 미쳐요. '권위적이다'와는 조금 달라요.
'이 브랜드를 어떻게 가꿔야 이게 성공할 수 있다'라는 비전을
자기 선에서 직원에게 제시하는 사람들이 있어요. 그런
사람들이 이끄는 브랜드가 대체로 매거진 <B>에서 다루는
브랜드의 공통점이었던 것 같아요.

독재라고 봐야 할까요?
실무형 리더에 더 가깝다고 표현하고 싶어요. 이 사람이 의사
결정의 아랫단에서도 어떤 일이 일어나고 있는지 알고
있달까요? 일부 특수한 환경을 빼면 그런 리더들이 더 많았던
것 같아요.

맨 위에서 의사 결정의 끝까지 다 알고 있으려면 브랜드
조직이 너무 커져도 안 되겠군요.
네. 미스터 포터도 디렉터 두 명이 실질적으로 운영되는 모든
것을 관장해요. 그 둘이 모든 걸 다 꿰고 있어요. 그 조직 안에
CEO나 대외적인 용도로 상징적인 사람을 뒀다면 미스터

포터가 지금처럼 움직일 수 있었을까 싶더라고요.
넷플릭스는 예외였죠. 워낙 의사 결정이 빨라야 하고, 그쪽이
속한 환경은 정말 하루가 다르게 급변하니 CEO가 그것까지
다 관장할 순 없어요. 그런데 매거진 <B>가 다루는 브랜드는
큰 브랜드가 가끔 있지만 대부분 적당한 규모의 브랜드예요.
그래서 잡지를 만들다 보면 작은 브랜드의 이상적인 규모
자체가 쟁점이라는 생각이 들기도 해요.

브랜드의 이상적인 규모에 대한 문제라…….
네. 브랜드가 어느 정도 이상 규모를 키우면 숙명적으로
자체적인 기준을 낮출 수밖에 없어요. 기준을 낮춰서
관리하기 편한 수준으로 가는 거예요. 그렇게 되면 '내 이상을
투영하는 나와 친밀한 브랜드' 측면에서는 약점이 생기죠.
다른 반대급부도 많아지고요. 그래서 매거진 <B>에서 다루려
하는 이야기는 적당한 규모에 대한 이야기일 수도 있어요.
'어떻게 하면 브랜드의 균일한 정책을 유지하고 품질의
편차를 줄일 수 있을까'로 이어지죠. 매거진 <B>라는 책
자체가.

아무튼 친밀한 브랜드가 되어야 하는군요. 요즘 사람들이
브랜드에 친밀감을 느끼고 싶어 한다는 말씀 같네요.
그런 것 같아요. 브랜드라는 개념이 더 넓어진 거죠. 전에는
나를 투영하는 브랜드가 일부 패션 브랜드 정도였어요.
그 브랜드 옷을 사거나 입으면서 나와 그 브랜드 사이의

관계를 만들려 했죠. 그러다 브랜드의 개념과 규모가
확장되니 요즘은 옷 같은 소비재 브랜드와 친밀감을 느끼려
하는 사람들이 점점 줄어드는 것 같아요. 오히려 공간이나
경험적인 브랜드, 이를테면 내가 어디로 가서, 뭘 먹고, 뭘
느낄지. 그런 쪽의 브랜드를 소비해요. 그러면서 그 브랜드와
나를 같다고 여기는 거라는 생각이 들어요. 최근 <B>가 다룬
브랜드 중에서 인기 있던 이슈들은 다 그랬어요.

예를 든다면요?
쓰타야 편이 대표적이었죠. 호시노야도 생각보다 반응이
좋아서 놀란 이슈 중 하나였어요.

방금 말씀을 쓰타야에 대입하면, '쓰타야가 좋다' 일뿐 아니라
'그 쓰타야에 가는 나를 좋아한다'는 걸까요? 브랜드는
처음엔 해당 브랜드 자체를 보여주는 인증 수단이었어요.
그런데 지금은 손님들이 그 브랜드를 이용해서 자신을
표현해요. 브랜드가 자신을 표현하는 인증 수단이 된 거네요.
예를 들어 '내가 쓰타야에 가서 이런 경험을 하는 사람이고,
이 브랜드가 만들어 내는 감도를 알고 있는 사람이다'라는
생각을 하는 거죠. 그런 면에서 개인과 브랜드와의 관계라는
주제가 재미있는 현상이라고 생각해요.

개인적으로도 브랜드 취재를 많이 하셨을 텐데, 본인이
실제로 뭔가 구입할 때도 그 브랜드의 이미지에 좌우되나요?

아니면 개인적으로 좋아하는 브랜드가 있으세요?

이런 질문을 꽤 받아요. 그때마다 머리를 짜내서 뭔가
이야기하고 싶었는데 실질적으로 제가 좋아하는 브랜드가
없더라구요. 제 개인적인 성향은 '모든 브랜드를 경험해 봐야
한다'는 쪽에 가까워요. 어떤 한 브랜드에 애착을 가져서 그
애착을 길게 유지하는 쪽은 아니예요. 이를테면 브랜드에도
전성기가 있잖아요. 딱 그 전성기의 좋은 브랜드를 소비하고
싶어요. 전성기를 맞은 브랜드, 아니면 전성기 직전의 조짐을
보이는 브랜드를요. 그런 걸 더 탐구하고 싶어졌는데, 매거진
<B>를 하며 이 성향이 더 세졌어요. 요즘도 브랜드를 찾아요.
어떤 브랜드가 있지? 그 브랜드는 기존에도 잘했지만 중요한
누군가가 바뀌었는데 완전히 새로워졌을까? 그러다 보니
특정 브랜드가 좋다는 답은 못 하게 되었어요.

저는 왜 21세기에 브랜드라는 게 이렇게 인기와 관심을
끄는지 신기해요. 브랜드는 캐릭터 플레이 이전에 결국
기업 활동인데, 90년대 후반이나 2000년대 초반에는 반기업
정서가 있었잖아요. 안티 브랜드 운동도, <애드버스터스>
같은 잡지도 있었고요. 그런데 어느새 그런 게 말 그대로 추억
속의 일이 되어 버렸어요. 이제는 내 개인적인 캐릭터와 맞는
브랜드를 찾고, 그 브랜드를 소비하고, 본인이 SNS 채널 등을
이용해서 스스로가 브랜드의 홍보대사 같은 일을 하면서도
다들 전혀 거부감을 느끼지 않아요.

예전에는 매스 미디어의 힘이 무척 강했어요. 지금의 SNS

같은 것들이 매스 미디어의 힘을 많이 줄였죠. 매스 미디어가 있을 때는 사람이 자기 감정이나 경험을 투영하는 대상이 정치인 같은 어떤 사람이었던 것 같아요. 미국인에게는 그게 국가였을 수도 있고요. 매스 미디어가 그렇게 생각하게끔 만들어 준 거죠. 매스 미디어가 만든 방향대로 사람들이 끌려 갔는데, SNS가 생기고 나서부터는 (매스 미디어가 투영시켜 준 이미지 대신) 오히려 사람들이 브랜드를 선택한 거예요. 종교, 국가, 정치인에 나를 투영하지 않고 내가 소비하는 브랜드에 나를 투영하는 거죠.

SNS 미디어가 오프라인의 소비나 선호에 영향을 미치죠. 생각해 보면 '팔로(follow)' 자체가 선호나 지지를 수치화한 개념이라고 볼 수도 있겠네요.
사람이 아니라 브랜드를 팔로할 수도 있으니까요. 하지만 저는 매스 미디어의 미래에 대해서는 부정적이에요. 신문이나 방송의 역할은 필연적으로 줄어들 수밖에 없어요.

정보상품을 단순히 생산 유통 판매하는 매스 미디어는 그럴 거라고 생각해요. 미국도 주나 시마다 있던 신문이 다 없어졌다고 들었어요. 그런데 그렇다고 <뉴욕 타임스>가 없어질 건 아니잖아요. 일부 계층의 정체성을 보여줄 수 있는 몇 개의 언론 매체만 남을 것 같아요.
<뉴욕 타임스>를 보는 사람, <이코노미스트>를 읽는 사람 같은 결집은 가능하겠죠. 그렇지 않은 언론들은 다

퇴보하겠죠.

이미 많이 퇴보한 것 같아요. 한번은 밀레니얼의 소비와
선호행태에 대한 통계자료를 본 적이 있어요. 그 세대는
정치와 종교 아이콘에 대한 거부감이 높고 대신 기업
아이콘에 대한 선호도가 높대요. 저는 이런 것도 브랜드
선호와 연관이 있는 지표라고 생각해요. 흥미롭게도 이걸
인용해 기사로 만든 곳이 고급 시계와 관련된 곳이었어요.
고급 시계라면 고고한 브랜드 방향을 유지하며 일할 것
같지만 사실 귀금속이라는 고가 사치품이야말로 인간의
인식 위에서만 소비가 가능한 물건이에요. 그렇기 때문에
다른 어느 업계 못지 않게 소비자 의식 연구를 많이 하는 것
같고요.
연구가 필요하겠네요. 사치품의 경우 더더욱.

정말 필요하죠. 만약 아까 통계 결과를 명품 시계에 대입하면,
정계 지도자가 고가 시계 브랜드를 찼다는 것 때문에
밀레니얼 세대가 그 브랜드에 부정적인 느낌을 가질 수도
있으니까요.
사치품은 누가 그걸 착용했냐에 따라 그 물건의 이미지가
완전히 달라질 수 있어요. 미디어가 사람의 이미지를 완전히
바꿀 수도 있고요. 일례로 미디어가 하루 아침에 김정은의
이미지를 바꿔 버리는 게 저는 굉장히 흥미로웠거든요.
매스 미디어뿐 아니라 SNS 등의 신규 미디어로도 인물의

이미지를 바꿀 수 있고요. 이런 일이 가능한 시대가 됐다는 게 정말 재미있어요.

아까 말씀하신 것처럼 새로운 뭔가를 만들고, 그 새로운 걸로 많은 사람들의 생각을 바꾸는 사람들은 소수일 거예요. 다만 그 사람들이 고를 수 있는 채널의 종류가 많아진 것 같아요. 전에는 내가 어떤 메시지를 널리 전달하고 싶었다면 대가를 치르고라도 대형 매스 미디어와 연결되었어야 했는데 지금은 그러지 않아도 되잖아요. 물론 지금의 매스 미디어는 아직도 중요한 링크지만 그 링크를 타지 않아도 스타가 될 수 있죠. 방탄소년단처럼.
요즘 그런 이야기도 하잖아요. 애플을 쓰는 사람이 말하자면 국가처럼 하나의 사회적 단위가 되어 버렸다고요. 특정 브랜드 사용자를 커뮤니티로 규정하는 사람이 많아졌어요. 매스 미디어 시대에는 어려웠을 일인데 SNS를 통해 그게 가능해진 것 같아요.

그렇다면 나를 반영할 수 있는 브랜드를 소비하는 게 개인에게는 현명한 소비생활이라고 할 수 있을까요? 브랜드를 만드는 작업은 기업 입장에서는 별도의 비용을 들여 캐릭터를 만드는 일이에요. 그 캐릭터 구축 비용은 당연히 어느 정도는 소비자에게 넘어갈 거고요. 개인 소비자가 브랜드 비용을 일부 떠안아서 조금 더 비싼 상품을 쓰는 게 합리적일까요? 아니면 이건 경제적인 비합리성의

이야기일 뿐, 오히려 브랜드가 포함된 소비생활을 통해
정신적으로 만족을 얻을 수 있으니 좋은 걸까요?
경제적 합리를 물으면 비합리적인 일에 가깝죠. 그런데 요즘
소비도 일종의 취미가 된 것 아닐까 싶어요. 예전에는 나를
표현하고 발견하는 일이 소비가 아니었던 것 같아요. 운동을
하거나 사람을 만나거나 차를 마시는 등의 활동으로 나를
표현했어요. 그런데 요즘 사람들은 운동이나 대인관계나
식사처럼 '소비' 자체로도 자아를 발견한다고도 생각해요.
'소비로 자아를 표현한다'는 일에 충분히 익숙해진 시대가
온 것 같아요.

어디에 소비하는지가 나의 정체성과 연관이 있는 거군요.
네. 브랜드 소비의 경제적 비합리성을 감안해도 자신이 얻을
수 있는 충분한 정신적 이득이 있고, 그 트레이드오프가
가능하기 때문에 그런 소비 활동을 하는 거 아닐까요?
요즘 사람들은 되게 똑똑해서, 그게 비합리적이라고
생각한다면 브랜드를 소비하지 않을 것 같기도 해요. 어떤 걸
소비했을 때 자기가 얻는 가치가 있기 때문에 그걸 할 거예요.
그래서 작은 브랜드 소비가 늘어나는 게 재미있어요.
가방이든 옷이든 어떻게 만들어지는지 과정이 노출되어
있기 때문에 그 과정을 보며 좀 더 합리적인 걸 찾아간나는
느낌이 있어요. 그게 제작 과정을 보여주는 작은 브랜드가
사람들에게 사랑받는 이유 아닐까요? 그 안에서 합리적인
과정을 찾는 거예요.

바보 같은 질문일 수도 있지만, 현명한 브랜드 소비생활을 하려면 어떻게 해야 할까요? 그런 소비는 없는 걸까요?

저는 결국 브랜드가 시대의 반영이라고 생각해요. 자기가 필요한 것 중 특정 브랜드를 살 수도 있겠지만 이 시대의 사람들이 어떤 아름다움을 추구하는지를 보여준달까요? 지금 잘 되고 있는 브랜드든, 지금 떠오르는 브랜드든, 모두 이 시대가 가지고 있는 방향이나 아름다움이 응축되어 있어요. 그렇기 때문에 그런 브랜드를 경험한다면 내가 어떤 일을 하든 무엇인가에 대한 통찰이나 예측이 가능할 수 있겠다는 생각이 들어요. 단순히 경제적 합리성을 따지는 게 아니라 이 시대의 감을 내가 익히고, 그걸 통해 내가 버릴 것과 얻을 것을 판단하기도 하고요. 만약 자신이 브랜드를 만들려는 사람이라면 그 과정에서 분명 가르침을 얻을 수 있을 거예요. 그래서 저는 각광받는 브랜드와 떠오르는 브랜드를 의도적으로 봐요. 개중에는 뭔가 뜨면 그걸 안 좋아하는 사람도 있죠. 저는 그런 감정도 딱히 가질 필요가 있나 싶어요.

언젠가 스스로 브랜드를 만들 생각도 해 보셨나요? 만든다면 어떤 브랜드일까요?

없다고 할 순 없죠. 새로운 브랜드라기보단 지금 이 세상에서 일어나는 브랜드 현상들을 재조합한 브랜드를 만들고 있지 않을까 싶어요. 편집매장이라는 게 그런 거잖아요. 그런 것처럼 공간의 형태가 될 수도 있고요, 아니면 지금 하는 출판

형태일 수도 있고요. 저는 기존에 존재하는 현상을
편집하거나 재조합하는 쪽에 더 관심이 있어요.
결과적으로는 계속 그런 브랜드를 만들고 있을 것 같아요.

싫어하는 브랜드도 있나요? 특정한 브랜드가 싫다거나,
싫어하는 종류의 브랜드라거나.
제가 안 싫어해도 잘못된 방향으로 가면 알아서 도태될
거라고 생각하기 때문에 굳이 특정 브랜드를 싫어하지는
않아요.

브랜드와 나

이 책은 제안이 오지 않았다면 시작하지 않았을 일이다. 책을 다 만들어 놓고 이렇게 말하긴 좀 그렇지만 사실이니 어쩔 수 없다. 일 때문에 브랜드에 대해 취재도 하고 글을 만들긴 했어도 내가 딱히 브랜드에 전문성이 있다고 생각해 본 적은 없었다. 그건 지금도 마찬가지다. 나는 브랜드의 치명적인 비밀이나 특정 브랜드만의 비밀 설계도면을 모른다. 내가 접한 정보, 내가 내린 가설이나 결론은 평이한 수준이다. 브랜드에 많이 노출되는 잡지업계의 다른 에디터들, 각 브랜드의 홍보나 마케팅 담당자, 혹은 홍보대행사의 홍보 전문가라면 누구나 다 알 내용들이라고 생각한다.

그럼에도 이 책을 시작한 이유는 이건 브랜드 이야기라기보다는 이야기에 관한 이야기라고 생각했기 때문이었다. 이름부터 유식해 보이는 유발 하라리 씨의 말을 빌리지 않아도 사람은 이야기를 통해 세상을 인식하는 것 같다. 생각해 보면 내가 몇 년 동안 잡지 에디터라는 직업을 통해 했던 일은 수많은 브랜드의 이야기를 입력해 내 나름대로 출력물을 내는 일이기도 했다.

그 과정에서 느낀 게 확실히 있었다. 브랜드 서사의 구조랄지, 브랜드가 이야기를 쓰는 방식이랄지, 브랜드가 이야기를 통해 자신을 더 빛나게 하거나 자신의 머쓱한 부분을 가리는 요령이랄지. 그런 규칙이나 방법을 글이라는 형태로 다른 사람들과 나누는 건 좋은 일 같았다. 내가 해 온 일을 정리한다는 점에서 의미가 있었고, 그 정리를 잘 해두면 내게 좋은 걸 넘어 다른 사람에게도 도움이 될 듯했다. 다른 사람에게 어떻게 좋을 듯할지는 프롤로그에 적어 두었다.

생각해 보면 나 역시 남과 별 다를 바 없이 브랜드를 좋아했다. 개인적으로 이 책을 만들면서 가장 공감했던 부분은 의외로 패션 디자이너 뎀나 즈바살리아의 어린 시절이었다. 동유럽에서 어린 시절을 보낸 그는 냉전이 끝나고 들어온 서방세계의 브랜드에 완전히 매혹되었다고 했다. 내 10대 초반도 그랬다. 브랜드라는 것의 첫 인상은 패션 잡지나 가요 프로그램에서 본 나이키의 스우시와 아디다스의 줄무늬였다. 글로벌 브랜드의 세심한 로고와 강렬한 채도는 뎀나 즈바살리아의 마음을 흔들었던 것처럼 동아시아의 신흥 대도시 서울의 변두리에 살던 내 마음도 움켜쥐었다.

　중학생 때는 특정 브랜드의 물건이 무조건 좋아 보였다. 옆집 친구가 신었던 나이키 코르테즈나 프로스펙스 헬리우스, 아디다스 엑신, 리복의 인스타펌프 퓨리나 샤크는 아직도 생각난다. 지금은 로고가 하나 더 있다고 해서 로고 없는 보통 상품보다 나을 게 하나도 없다는 걸, 사실 로고를 통해 값싼 소재를 가리기도 한다는 걸 안다. 하지만 어린 나는 가끔 제정신이 아니었다. 갖고 싶은 브랜드 물건을 양껏 살 만큼의 용돈이 없어서였을지도 모른다. 필요하거나 원해서 갖고 싶었던 게 아니라 갖지 못하기 때문에 갖고 싶었던 것이다. 품절이 잘 된다는 이유로 슈프림이 갖고 싶어지는 마음이 그런 거 아닐까.

20대 초반에는 브랜드를 기피하거나 멀리하려 마음으로나마 노력하기도 했다. 그때 인기였던 나오미 클라인의 <노로고> 같은 책을 읽었기 때문이었다. 그 책의 메시지는 명확했고 간결했다. 다국적 대기업이 마케팅 활동의 일환으로 브랜드를 만든다. 스케이트보드나 길거리 농구 같은 건강한 하위 문화를 기업들이 사 버린 후 그 스포츠의 건강한 이미지를 자신의 판매 활동에 활용한다. 그 환상으로 사람들은 필요도 없는 물건을 산다. 비슷한 이야기를 영국의 닐 부어맨도 했다. 그는 <나는 왜 루이 비통을 불태웠는가>를 통해 자기가 갖고 있던 명품 브랜드를 진짜 다 태우는 과정을 보여주었다. 뭐가 됐든, 지금도 어느 정도는 일리 있는 이야기라고 생각한다.

10대와 20대가 지나고 30대도 반을 넘긴 지금의 나는 맹목적 수용과 맹목적 비난 사이 어딘가에서 생각을 가다듬게 되었다. 어떻게 보면 세상 모든 물건은 필수품 아니면 사치품이라서 꼭 필요하거나 전혀 필요 없다. 하지만 세상은 흑백이 아니며 노을의 콘트라스트에는 경계선이 없다. 거의 모든 물건과 재화는 사치품과 필수품이라는 두 가지 요소를 모두 가지고 있다. 조금 더 부드러운 면으로 만든 트렁크 팬티는 사치품일까 필수품일까? 집에 울 니트가 4벌 있는데 몸에 잘 맞는 캐시미어 스웨터가 90퍼센트 세일이라면 이걸 사는 건 합리적인 구매일까 사치일까? 세상에는 이런 일이

너무 많았다. 나부터가 그런 쇼핑의 현장에 스스로를 너무 많이 노출시켰다. 희미한 바람 같은 혼란을 느끼면서 온갖 걸 샀다.

이른바 성공적인 쇼핑과 돈을 버리는 경험을 골고루 해보고 나서 나는 브랜드에 조금은 초연해졌다. 브랜드는 맹목적으로 좋아할 필요도, 반대로 무조건 미워할 필요도 없었다. 어차피 브랜드는 현대 소비문명의 일부이니 브랜드에 감정을 너무 많이 싣는 건 길가의 은행잎에 감정을 싣는 것과 다를 바 없었다. 내가 접할 수 있는 선에서 내 마음에 드는, 아니면 새로운, 그게 뭐든 좋아 보이는 물건(이나 브랜드)을 쓰면 되는 것, 그뿐이었다.

브랜드에 감정을 빼고 나자 브랜드 자체가 새롭게 보이기 시작했다. 세상 모든 브랜드는 그게 뭐든 다 각자의 자리에서 각자의 조건과 역량에 맞춰 최선을 다하고 있었다. 세상에는 에르메스나 포르쉐, 롤렉스나 파타고니아처럼 제품 생산과 이미지 생산에 모두 능한 브랜드가 있다. 업계의 사람들처럼 나 역시 그런 브랜드를 잘하는 곳이라고 생각했고, 그래서 그런 브랜드에 조금 더 호감을 가졌다.

세상에 완벽하고 약점 없는 브랜드는 없다. 완성도가 높은 브랜드는 가까이 다가갈수록 세련되고 능숙한 동시에 어떤 측면에서 보면 분명 속물적으로 사람을 짜증나게 하는 구석이 있다. 새로 생긴 브랜드에는 고루한 옛날 브랜드에서는 도저히 찾을 수 없는 생기가 있다. 동시에 새로 생긴 식당처럼 운영에서 미숙한 부분이 있다. 그러니 지금은 어떤 브랜드가 뭘 하든 '고생 많으시구나' 싶을 뿐이다.

그러다 보니 사람들이 브랜드에 대해 나누는 이야기도 흥미로워졌다. 한때의 나를 비롯해 왜 그렇게 많은 사람들이 고작 신발 옆에 붙어 있는 로고에 환호했을까? 왜 어떤 사람들은 가끔 코카콜라와 펩시콜라 중 무엇이 더 훌륭한 브랜드인지 토론할까? 왜 맛이 거의 비슷한 주스를 로고에 따라서 고를까? 왜 똑같이 흠집 없는 소가죽 가방인데 디자인과 브랜드, 그 뒤에 깔려 있는 이야기에 따라 20배 정도로 가격 차이가 날까? 왜 다시 큰 로고가 유행할까? 왜 iOS와 안드로이드 중 무엇이 더 좋은지에 대해 개발자도 주주도 아닌 소비자들끼리 싸우는 걸까?

브랜드는 단순히 일상용품을 넘어서서 나를 표현하는 수단이기 때문이다. '내 개성을 표현한다' 정도의 가벼운 말이 아니다. 현대 사회의 브랜드는 말 그대로 일종의 자기소개서다. 예를 들어 꼼 데 가르송만 입고 다니는 사람이 있다면 그는 그 옷을 통해 세상에 이런 메시지를 발신하고 있다.

'나는 하고 많은 패션 브랜드 중 릭 오웬스도 아니고 마르탱 마르지엘라도 아닌 꼼 데 가르송만 입는 취향을 가진 사람이다. (어디서 났는지 말은 못해도) 이렇게 비싼 옷을 살 정도의 돈도 있다'

물론 꼼 데 가르송의 옷을 알아볼 사람은 많지 않다. 그러니 이 메시지는 해독의 난이도가 상당한 편이다. 말하자면 종각역 사거리에서 에스토니아어로 중얼거리는 것과 비슷하다. 그 사이에서도 꼼 데 가르송을 알아보는 눈이라는 현대 사회의 특수 기술을 가진 사람이 있다면 그를 알아볼 수 있을 것이다. 꼼 데 가르송만의 독특한 실루엣과 그 옷을 상하의로 다 입은 사람의 복잡하면서도 미묘한 메시지를.

크게 보면 이는 내가 누구인지 표현하는 단체가 어디인지에 대한 이야기이기도 하다. 원래 그 사회의 권력은 그 사회 구성원이 누구인지를 규정하는 조직이나 개인이 누군지에 달려 있다. 역사의 흐름을 따라가 보면 원래 인간의 자아 규정 기관은 종교나 국가였다. '너는 기독교인이다.' '너는 대영제국의 국민이다.'처럼. 동아시아 각국에 가톨릭이 처음 들어올 때 그렇게 잔인한 학살이 일어난 이유 역시 근본적으로는 여기에 있다. 그 동네 왕에게 충성을 다하면 그만인 왕국민이 "그게 아니고 당신은 하나님의 사랑을 받는 기독교인입니다(그러니까 당신을 괴롭히는 그 왕이라는 사람은 뭔가 잘못하는 거예요)."라는 말에 설득된다면 이동통신사가 가입자를 뺏기듯 정체성 가입자를 빼앗기는 일이기 때문이다.

그래서 국가와 종교는 개인과 정체성이 포함된 패키지 거래를 제안한다. 단체 구성원의 재산과 시간을 점유하고 각자가 만들어 둔 정체성을 강요하는 대신 '그러니까 너는 무엇이다'라고 할 만한 정체성과 일련의 혜택을 준다. 국가주의가 한창이던 시절의 국가는 말할 것도 없고, 중세 교회도 교육을 포함한 여러 가지 사회안전망 서비스를 제공했다. 그런 종교나 국가의 제안을 거절하기란 힘들었지만 요즘은 조금씩 빈틈이 생기는 중이다. 이제 메이플라워 호를 타고 떠난 미국인들처럼 종교를 지키기 위해 도망갈 필요는 많이 줄었다. 여차하면 국적을 바꾸는 것도 종교 변경보다는 난이도가 있지만 불가능한 일은 아니다.

각 국가가 '너는 아무개 나라 사람이다'라는 정체성을 가장 선명하게 주입한 마지막 시대는 냉전 시대였다. 냉전은 각 국가가 택했던 이데올로기로 이데올로기-국가라는 인간의 정체성을 부여하고 각자의 목적에 따라 개개인을 조종했다. 그 결과 자본주의자-러시아인이라거나 사회주의자-한국인처럼 각국의 이데올로기 정체성을 택하지 않은 일부는 여러모로 고통스러운 시간을 보내기도 했다. 이런 정체성 싸움도 1992년 베를린 장벽이 무너지고 국가 운영체제 개념으로의 사회주의가 침몰하며 하나마나한 것이 되었다. 이제 인간 경제개념의 운영체제는 자본주의뿐이다.

그리하여 21세기는 온갖 정체성 관련 서비스 기관이 마음껏 활동할 수 있는 시대가 되었다. 이건 생각보다 중요한 이야기다. '나는 (　)입니다'라고 할 때의 괄호 속 요소는 물이나 공기 같은 인간의 필수품이다. 나는 (　)입니다 자체가 바로 자아이며, 사람은 자기 자아를 설명할 이야기를 꼭 필요로 하는데, 그 이야기에는 재료가 있어야 한다. 전통적으로 정체성 재료를 제공해 온 종교가 국가가 약화될 때 새로 부상한 정체성 인증 기관은 어디가 될까. 결국 기업, 그중에서도 다국적 기업이다. 브랜딩은 기업이 판매하는 구입 가능한 정체성이다. '나는 포르쉐 클럽 회원입니다.' '나는 리차드 밀을 찹니다.' '나는 블루보틀만 갑니다.' 같은 게 21세기의 자기소개문이 될 수 있는 것이다.

즉 요즘의 브랜드는 정체성 세부 조절이 가능한 시대에 사람들이 구입 가능한 정체성 배지다. 종교와 국가가 정체성을 주던 지루한 시대에 비하면 기업이 판매하는 정체성을 구입하는 시대의 사람들은 훨씬 자세하게 자신의 정체성을 꾸밀 수 있다. 아토스 반도에 있는 러시아 정교회의 수도사가 구축할 수 있는 정신적 정체성 요소는 러시아 정교뿐, 외형적 요소는 수도사의 유니폼뿐이다. 그에 비하면 서울에 살고 종교가 없는 연봉 3300만 원 정도의 직장인이 자기 정체성을 꾸밀 수 있는 방식은 무궁무진하다. 그는 애플 워치와 슈프림으로 정체성을 꾸밀 수 있다. 나이키 러닝화를 신고 달리는 정체성 동료들과 뭉쳐서 친구가 될 수도 있다.

현대 사회의 모든 브랜드는 결국 상징을 만들고 애호가를 모이게 한 후 그 애호가로 구성된 커뮤니티를 만든다는 점에서 종교와 똑같은 일을 하고 있다. 물론 이런 브랜드의 상징적 요소와 아무 상관없이 합리적 필요성에 따라 물건을 사서 쓰는 사람도 있을 수 있다. 하지만 의도 없음도 메시지가 될 수는 있다. 롤러코스터에서의 무표정이 하나의 메시지이듯, 그런 사람 역시 '나는 브랜드라는 정체성 놀음에는 별 관심이 없소.'라는 시각적 메시지를 전파하는 것이다.

21세기가 무르익으며 국가별 무역과 통신망과 항공교통망이 발달할수록 대도시에서 종교와 국가의 기능은 점점 약해질 것이다. 반대로 국제적 영업을 동시에 수행할 수 있는 기업의 기능과 위력은 점점 세질 것이다. 기업 활동의 가장 형이상학적이며 심리학적, 미학적인 부분인 브랜딩 역시 더욱 매끄러워질 것이다. 앞으로의 브랜딩은 점차 교묘해지고 다정해지며 부드럽지만 강력해질 것이다. 그렇게 치면 브랜드 활동은 기업이라는 요즘 세상의 주체가 어떤 전략으로 움직이는지를 보여주는 문헌학적 재료가 될 수도 있다. 매년의 이케아 카탈로그에 늘 해석의 여지가 담긴 메시지가 있는 것처럼.

우리 모두는 브랜드를 통해 현대 사회를 읽을 수 있다. 아니면 브랜드의 꾐에 속아 제한된 인생의 한정된 자원을 소진시키며 살아갈 수도 있다. 소비자로서 우리가 가진 미래를 어떻게 잘 살아갈지는 궁극적으로 개별 소비자의 몫이다. 모두의 행운을 빈다.

감사의 말

이 책의 재료가 된 원고라는 일거리를 준 분들께 감사드린다. <루엘>의 문일완 편집장과 <에스콰이어>의 신기주 편집장께서 취재 기회와 원고 지면을 주신 덕분에 책에 들어갈 원고가 나도 모르는 적금처럼 쌓이고 있었다. 외부 원고의 형태로 일을 준 분들께도 같은 감사를 전한다. <오디너리>에서 일하던 정미환 선배, <더기어>의 김정철 편집장, 브랜드 스토리를 맡겨 준 매거진 <B>의 박은성 편집장, <루엘>을 그만둔 후에도 일을 준 박정희 에디터께 감사드린다.

책에 새로 들어가는 원고에 도움을 주신 분들께 감사드린다. 매거진 <B> 박은성 편집장과 <GQ 디지털>의 임건 에디터는 인터뷰를 통해 각자의 소중하고 날카로운 통찰을 들려주었다. 이들의 인터뷰가 내 원고보다 훨씬 재미있어서 다행스럽기도 하고 조금 걱정도 된다. 관련된 통찰이 필요하신 분들께 아주 유용한 이야기가 될 것이다. 임건 에디터는 베트멍과 유니클로라는 패션 브랜드에 관한 원고를 꼼꼼히 읽어 보고 중요한 부분들을 확인해 주었다. 베트멍에 대해 각자의 식견을 알려준 <에스콰이어> 백진희 패션 에디터와 아티스트 황나경께도 감사드린다.

표지와 내지에 실릴 사진을 만든 최용준 사진가께 감사드린다. 요즘 책은 형태를 가진 상품이며 상품은 겉모습이 굉장히 중요하다. 브랜드에 대한 책을 만들기로 했을 때 옥외광고의 간판을 표지 삼고 싶었고, 옥외광고를 사진에 담는다면 한국에서 최용준이 가장 멋지게 해낼 거라 확신했다. 이 책에 들어갈 사진에서는 시각 이미지 구성능력뿐 아니라 프로젝트 이해도 역시 중요했다. 좋은 사진을 넘어 그는 이 일의 의미를 잘 이해해 줄 것 같았다. 다행히 최용준이 승낙해 주어 멋진 사진들이 나왔다. 그는 100년에 한 번 있는 무더위에도 촬영을 했고 시원한 사진을 주었다. 책이 11월에 나올 줄 알았으면 덜 더울 때 부탁할 걸 그랬다.

내지에 들어갈 사진을 주신 분들께 감사드린다. 사진가 김참은 과분할 정도로 멋진 저자 사진을 촬영해 주었다. 사진 속의 저 사람처럼 생겼으면 좋겠다 싶을 정도였다. 루이비통 부분에 들어간 사진은 당시 함께 작업했던 표기식의 B 컷이다. 평소에 흠모하는 두 사진가의 사진을 내 책에 실을 수 있어 기쁘다. 롤렉스의 아카이브 사진을 지원해 준 롤렉스 코리아 이수민 과장께도 감사드린다.

이 외에도 책에 직간접적으로 관련된 많은 분들께 모두 감사를 전한다. 도움을 주신 분들이 전부 기억나지는 않지만 나는 워낙 신세를 지고 다니는 사람이기 때문에 분명 어딘가에서 계속 신세를 져왔을 거라는 사실만은 확실히 알고 있다. 이 책에 있을 실수나 착오는 모두 나의 몫이다.

앞에서 말했듯 이 책은 제안이 없었다면 시작하지 않았을 일이다. 그러므로 이 책의 근본적 감사는 책을 만들어 보자고 제안한 편집자 조용범에게 전해져야 한다. 나는 이 책의 원고를 진행하는 내내 까다롭고 욕심 많고 고집이 세지만 무능하고 속 좁고 지각을 일삼는 필자였다. 기존에 발표된 원고만으로 책을 만들고 싶지 않았으니 새로운 원고를 넣어야 했는데, 그 원고를 쓰다 보니 약속한 시간보다 훨씬 더 오랜 시간이 걸렸다. 검증되지 않은 필자를 활용해 책을 만들겠다는 조용범의 모험심을 새삼 존경한다. 그의 출판사 에이치비 프레스의 건강한 생존과 활력 넘치는 번창을 기원한다.

요즘 브랜드
Whispering of 21st Century :
On Contemporary Brands

© Park Chanyong 2018
℗ HB Press 2018

1판 1쇄 2018년 11월 9일
ISBN 979-11-964939-0-5

지은이   박찬용
편집   조용범
디자인   코너트립웍스 김민정
제작   정민문화사
종이   한승지류유통

퍼블리셔   에이치비 프레스 (도서출판 어떤책)
            서울시 마포구 월드컵북로 400 5층 1호
            전화 02-3153-1312
            팩스 02-6442-1395
            hbpress.editor@gmail.com
            hbpress.kr

이 도서의 국립중앙도서관 출판예정도서목록(CIP)은
서지정보유통지원시스템 홈페이지(http://seoji.nl.go.kr)와
국가자료공동목록시스템(http://www.nl.go.kr/kolisnet)에서
이용하실 수 있습니다.
CIP제어번호: CIP2018031274